关东招幌
图鉴

GUANDONG
ZHAOHUANG
TUJIAN

主 编 杨 屹

副主编 王明旭 王 川

长春出版社

全国百佳图书出版单位

图书在版编目（CIP）数据

关东招幌图鉴 / 杨屹主编 . -- 长春 : 长春出版社,
2024. 12. -- ISBN 978-7-5445-7697-0

Ⅰ. F729-64

中国国家版本馆 CIP 数据核字第 20240DB437 号

关东招幌图鉴

主　　编　杨　屹

副 主 编　王明旭　王　川

责任编辑　孙振波

封面设计　宁荣刚

出版发行　长春出版社

总 编 室　0431-88563443

市场营销　0431-88561180

网络营销　0431-88587345

地　　址　吉林省长春市长春大街309号

邮　　编　130041

网　　址　www.cccbs.net

制　　版　荣辉图文

印　　刷　吉林省吉广国际广告股份有限公司

开　　本　185毫米×260毫米　1/16

字　　数　310千字

印　　张　21.75

版　　次　2024年12月第1版

印　　次　2024年12月第1次印刷

定　　价　128.00元

目 录

传统招幌作为我国最早的广告宣传手段，是古代社会常见的广告载体。在反映传统中国先民市井生活的图像史料中，我们不难发现满街的"旗帘幌招"特色鲜明，争奇斗艳。招幌的形成源于我国古代特定的经济发展历程，在这个大概念下，各地区或因历史的塑造，或因地域的差异，形成了特定的区域性招幌文化。关东招幌就形成了这样一种极具特色、别有价值的招幌文化。今天就让我们从历史起源、特色与价值、功能与分类等多个角度了解这一特色文化。

一、我国招幌的起源

招幌是招牌与幌子的复合式通称，是工商及其他诸行业向社会宣传经营内容、特点以及档次等信息，以招徕生意的标志性广告方式，是一种特定的行业标志和信誉标志。[①]从更加广泛的范围上看，招幌主要包括商标、招牌和幌子。三者的主要区别是商标即商品的标识，招牌即店铺的标识，二者均

[①] 曲彦斌：《中国招幌辞典》，上海：上海辞书出版社，2001年，第1页。

强调专用性、不可替代性、而幌子是行标，是同一行业从业者共同的标志符号。本文主要围绕有实物载体或图像资料的招牌和幌子展开。

招幌，原特指酒旗，逐渐地扩展为所有店家标识的专称。招幌作为商店的行业标记，是从市场标记发展而来的，是市场经济发展的产物。中国最早的市场是从集市发展而来的，夏商时期，人们以"井"为市，即在每日打水的地方，凭借人流的汇集进行简单的交易。后来随着交易频次和场所需求的扩大，就形成了在固定地点、固定时间，并由政府统一管理的集市，《周礼·地官·司市》："大市日昃而市，百族为主；朝市朝时而市，商贾为主；夕市夕时而市，贩夫贩妇为主。凡市，入则胥执鞭度守门，市之群吏平肆，展成奠贾，上旌于思次以令市"，这里的大市、朝市、夕市就是如此。同时从这条史料中我们还发现，"上旌于思次以令市"，集市开始以升旗为号，可见在市场形成的初级阶段，就与旗帜产生了紧密的联系。《玉篇》："幌，帷幔也"，其实也是一种旗帜，而幌子的一个重要起源就是酒旗。[①]中国国家博物馆的黄燕生先生认为，酒旗作为幌子的最早实例出现在《韩非子》中，此书中有宋国人开设酒铺"悬帜甚高"的记载，其中的"帜"就是幌子。这种酒旗发展到宋代又被称为"望子"。《广雅·释诂一》："望，视也"，抬起脚跟远望的意思，高悬旗帜，远远可望，也就是"望子"了。《东京梦华录》卷八载："中秋节前，诸店皆卖新酒……市人争饮，至午未间，家家无酒，拽下望子。"这不仅证明了"望子"就是幌子，更是说明此时幌子的功能不仅仅是标识商店性质的基本功能，还具有标识店铺经营信息的附属功能。中秋时节，客人将酒家存酒饮尽，店家将幌子取下，以示售罄闭店，后来者见之即返。明代施耐庵《水浒传》第四回记载，鲁智深大闹五台山，偷偷下山饮酒，"行不到三二十步，见一个酒望子挑出在房檐上"，也是酒旗作为幌子的例证。到了清代"望子"逐渐被称为"幌子"，其指代范围也从单一的酒铺，扩展为全行业的招幌。翟灏《通俗编》："今江以北，凡市贾所悬标

---

① 林岩、黄燕生：《中国店铺幌子研究》，北京：中国历史博物馆馆刊，1995年第2期，第72页。

识，悉呼望子，讹其音，乃云幌子。"由此自宋至于清，幌子名称的流变就清晰了。

插标售卖，是传统中国招幌的另一大起源。在市场的早期形态，没有固定的时间和场所，更没有文字标识和解说。商品和个人物品的区别就成了最大的问题，这时在需要售出的物品上插上特定标识，以示出售，就成了一种约定俗成的售卖形式。李善注《文选·孙绰〈游天台山赋〉》曾言："建标，立物以为表识也。"最广为流传的示例是成语"挂羊头，卖狗肉"。这一成语出典《晏子春秋·内篇杂下》："君使服之于内，而禁之于外，犹悬牛首于门，而卖马肉于内也。"宋代《梦粱录》卷一六《肉铺》记载："杭城内外，肉铺不知其几，皆装饰肉案，动器新丽。每日各铺悬挂成边猪，不下十余边。"这也是"悬猪"为幌的生动例证。戏曲和影视作品中，关于插标售卖更是屡见不鲜，每逢饥荒之年，总有插狗尾草为标、售卖子女的桥段。这种实物招幌，随着时间的推移，逐渐演变为模型类招幌或抽象类招幌。

二、关东招幌及其文化特征

十里不同风，百里不同俗，在幅员辽阔、民族众多的中华大地，不同的地域特点和历史背景，造就了不同的区域文化特征。关东，即中国的东北地区，在根植于传统中国文化的同时，以其独特的自然地理特点和历史进程造就了其独具特色的招幌文化。

从自然地理角度看，东北地区处于中高纬度，漫长的冬季造就了东北人独特的生活习惯和饮食结构。东北人口味偏重，为抵御严寒，储存更多的蔬菜度过漫长的冬季，腌菜下酱便成为东北地区独特的习俗，在东北酱菜铺前，就常有以"酱耙子"为招幌的习俗。三面环山，间隔广茂平原，松花江、黑龙江、乌苏里江多条水系纵横，造就了丰饶的物产，很长一段历史时期，东北是以渔猎经济为主导。东北沦陷时期，长春街头售卖所谓"满洲土产"的店铺、摊位，常以猎户刚刚捕杀的野鸡为招幌。街头的参茸药铺，更是将梅花鹿，甚至东北虎制成标本，陈列橱窗，以代表自己售卖的鹿茸和虎骨酒取材地道。

从区域地理角度看，关东地处我国的东北边疆，与蒙古、俄罗斯、朝鲜接壤，与日本、韩国隔海相望。边疆近海，独特的地缘区位造就了多种外来文化在东北激荡交融的特点。反映在关东招幌上，延边等地总能见到双语招牌，哈尔滨、长春等地出现大量的俄餐厅、日本料理店等。

从经济地理角度看，以长春为地理中心的东北三省，是东北亚的几何中心，其在国际运输上的交通枢纽作用明显。近代以来，长春就发挥着重要的粮食转运中心的作用，号称"豆城"，繁荣的市场经济造就了相较于内地更加繁荣的招幌文化。因运输业在东北一地产生和兴盛的大车店业，就以"篓筐"为招幌，一个"篓筐"为普通廉价的大车店，三个"篓筐"为高级别的大车店，幌子数量成为区分店铺等级的一个标志。

东北自古以来就是中国少数民族的世居地，辽阔的山水促进了各民族的交往、交流、交融。黑龙江抚远地区，冬季漫长，世居于此的赫哲族人又以鱼为主食，在这里的集市上常以一两米高的冻鱼墙为招幌，甚至以两三米长的大马哈鱼和鳇鱼为实物招幌。再如早期通辽等地常见蒙文招牌，随着民族的融合出现了蒙汉合璧的招牌。

尤其是清朝中后期，封禁渐开，山东、河北等地的流民大量涌入东北地区，带来繁荣商业的同时，也造就了关东招幌移民文化的特征。回族的信仰和饮食习与汉族不同，其餐馆一般用蓝色幌子，汉族餐馆多用红色幌子。或因饥荒，或因战乱，移民东北的大多是目不识丁的底层百姓，此时的招幌多以实物幌、模型幌为主。其表现形式上多采用大红大绿、大金大彩、碰撞鲜明的颜色，表现方法上多采用或高挑入云或硕大如山等的夸张形式。如此的关东招幌一为直观，让不识文字的人了解店铺的主要经营内容；二为夺人眼球，希望尽快将赶车进城，采购欲望强烈的老乡吸引住，引进店。

如果说豪迈张扬的表现形式、独特的民族交融性和鲜明的移民特征是东北招幌在传统中国自然历史发展中孕育出的特点，那么近代以来，因为东北地区的特定地缘环境，这种自在的历史发展趋势被扰动，形成了以殖民色彩为底色的招幌文化特点。中国东北地区的近代化进程是屈辱沉痛的，外来影响或粗暴或强硬的冲击，客观上也为东北带来了传统中国没有的新业态和新商机。《满洲商招牌考》一书中就记载了"汤屋、公估局、银炉、银楼、报关行、转运业、信托业、交易所、百货店"等近十种东北没有的新型商业业态。[①]体现在招幌文化上的例子有钱桌。1904—1905年日俄战争后长春成为列强争夺的中心，各种货币在长春自由流通，因而产生了一种新的货币兑换业态——钱桌。钱桌类似于上文说到的"公估局"，负责鉴定和兑换银钱，促进商品流通。这类新型商铺就以杆秤或天平为招幌，以示公平。

三、关东招幌的功能与分类

幌子是民间设计的，是标志物与装饰物的统一体。指明商品类别，是幌子的首要职能。前文所言东北地广人稀，文化普及率不高，识别文字具有一定难度。因此鲜明夸张的实物招幌和模型招幌盛行，而所用实物和模型必定是最能反映商铺主要经营范围和商品特色的，比如医馆的药葫芦，马具铺的马具等。由此而产生的顾客引导功能和集聚效应，是招幌的第二职能——广告宣传。

传达商业信息是招幌的第三职能。前文所说的宋代酒铺以酒旗升降，表示店内商品是否售罄，就是一例。另外还有区别商铺等级的功能，洪迈《容斋续笔》"酒肆旗望"条云："今都城与郡县酒务，及凡鬻酒之肆，皆揭大帘于外，以青白布数幅为之，微者随其高卑小大。村店或挂瓶瓢，标帚秆。"吴自牧《梦粱录》"酒肆"条也提到，南宋临安除了"设红绿杈子，绯绿帘幕，贴金红纱栀子灯"的酒楼正店以外，"又有挂草葫芦、银马勺、银大碗，有挂银裹直卖牌，多是竹栅布幕，谓之'打碗头'，只三二碗便行"。这种通过不同幌子类型区分店铺等级的习俗，至今仍流行于我国东北地区的面食铺

[①] 黑崎文吉：《满洲商招牌考》，长春："满洲事情案内所"，1940年，第10页。

幌。而推及更为常见的饭店业更是如此，彩绸装饰的"罗圈"招幌一般是一到四个，这个和饭店的厨师能力密切相关。如果门前挂一个幌子，那么一般是包子铺、粥铺之类的早点摊或者是小吃摊，不讲究菜品的色香味，只是能让人吃饱喝足。挂两个幌子的饭店，一般是有菜谱可以点一些炒菜，会有一些单间雅座。最顶级的就是挂四个幌子的，这类饭店在民国时期就是最好的了，客人点的菜厨子都会做，不论南北菜系。在电视剧《闯关东》中，朱开山家的山东菜馆就是因为挂了四个幌子，被人用爆炒活鸡和油炸冰溜子来"踢馆"，最后成功应战，成就一段鲁菜传奇。

传递店铺的商业文化是招幌的第四职能。此类招幌多以文字招幌为主，有时配以实物招幌。比如招牌上的标语，常有"来料地道，本号本在苏州，分号仅此一家"等语，强调真材实料。前文所述的梅花鹿和东北虎标本招幌，其目的也是如此。更有强调"童叟无欺、货真价实、批发格外公道"等，目的是通过诚信宣传将用鲜明夸张招幌吸引来的顾客留住，培养成为"好再来"的回头客。

最后，特定情况下招幌能够发挥商标作用。商标是特定商铺的标识，招幌是行业同行的标识，已经脱离了简单商标的范畴。但是有一些特殊的商铺，因为经营商品特殊或所选招幌独具特色，或因质量和信誉远超同行，也会形成具有特殊指代功能的招幌。比如有名的宋代刘家功夫针铺，"认门前白兔儿为记"。再如新中国成立初期长春曾有一著名的中医馆，真名已经少有人知，但因其内医生医道精深，且门前有一株硕大柳树，因此被人称为"大柳树医院"。这里的"白兔"和"大柳树"虽然只是抽象的幌子，但已然成为特定商铺的专属商标。

关于招幌的分类，前文已经多有涉及，学术界也持多种观点。有人按照招幌的形态特点分类，大致分为形象幌、文字幌、标志幌，又可细化分为实物幌、模型幌、借代物幌、标志幌、画幌、字幌等六类。有人按照功能和行业分类，有服务类、金融类、交通运输类。有人在宏观概括的同时，通过归纳总结招幌形成的特点和规律，把招幌细分为十四个子类。畜产加工品类商的招幌，如皮具铺、牛马用具铺、牛奶店等，这些招幌是关东地区所特有的。农产品及其加工品商的招幌，如米店、蔬菜店、酱菜店等。餐饮店和点心店的招幌，如点心铺、饼铺、馒头店等。嗜好用品商铺的招幌，如烟酒店、大烟馆等。纺织用品店，如花布店、绸缎庄、绒线店等。被服类商品店铺的招幌，如服装店、成衣铺、鞋店等。家具类商铺的招幌，如行李店、灯笼店等。金属及其制品商铺的招幌，如金店、洋铁铺、铁匠炉等。装饰品、乐器类商品的招幌，如乐器店、化妆店等。医药和涂料类商铺的招幌，如药店、眼药店等。还有丧葬用品类的招幌、杂货类商铺的招幌、金融类店铺的招幌等，同时还包括木匠铺、旅店、照相馆等业态。

分类方法不一而足，各有特色，无论哪一种分类都很难包含所有招幌类别。本书为了招幌鉴别认知方便快捷，用图文并茂的方式从外形上对招幌进行分类，分为实物类、象征（抽象）类、道具（模型）类、描述（文字）类、混合类等五种，以期从类型角度概括招幌的形态。实物类、道具类前文已经多有例证。所谓象征类是指通过约定俗成，或特定历史条件形成的特定物品代替某一行业的招幌形式，如利用商品的包装或容器作为招幌。有些商品或是液态或是颗粒状，不容易展示单纯的实物幌子，所以就出现了象征物，比如粮店用斗，酱油、酒店用葫芦做招幌。例如眼药店铺的广告，就是一只明眸；牙科诊所的招幌，就是皓齿模型。比如当铺、货币兑换的钱桌，多以杆秤做招幌，以示公平，不偏不倚。再如药店多以葫芦为幌，取义"悬壶济世"。描绘类即字幌，通过文字或者绘画作为招幌，当铺业常以"当"字木牌为招幌，银号常以"银"字为幌等等。另外还有多种形式并用的，本书归类为混合类。

四、关东招幌的独特文化价值

挖掘和研究关东招幌的文化价值有其特殊意义。传统招幌是民俗文化的重要组成部分，是约定俗成的大众文化符号。关东招幌具有强烈的关东文化特色，能够直观反映东北人民的审美习惯和文化追求，是展示和体现东北历史文化的重要载体。关东招幌以其独特的审美，运用颜色、材质、大小等多维方式，展现着东北人的豪迈与包容；以双语牌匾反映的民族融合特色，以及近代以来新型业态的招幌特色，有其深刻复杂的历史背景，承载着东北地区从传统走向现代的艰辛历程。

关东招幌是研究传统中国东北商品经济繁荣程度的重要史料。从实物招幌发展到抽象招幌，再到文字招幌，招幌形态的多样递进，也是东北地区经济文化繁荣的缩影。同时，这些史料成为今天古建筑修复，旧城改造，文化创意的重要参考和创意源泉。

挖掘和阐释关东招幌的独特文化价值有利于梳理和维护地区商业品牌。通过招幌独特的宣传效果，可吸引更多的关注度，促进消费，繁荣经济。招幌的衰落是科技和社会双重作用的结果，但值得我们警觉的是，今天随着商品经济的发展，商业样态纷繁多样，城市规划和街路设计却面临着千城一面、审美疲劳的困扰。百年前外来者身处东北"商铺街"那种迷离其中的感觉一去不复返。这虽是实体经济的客观现状，但我们心怀对乡邦历史文化的敬意与温存，整理出百态的关东招幌，以期在现实的商业街、历史文化街区中借鉴和创新使用传统的关东招幌，为东北商业的繁荣助力添彩。

第一章
关东招幌图鉴

　　正如东北淳朴的民风一样，中原传来的商业文明在东北被传承、吸纳、融合，形成了具有浓郁关东地域特色的商贸招幌文化。在东北大规模开发之前，原始的商贸活动已经趋于活跃，在传统的渔猎文化和游牧文化影响下，人们在推销自己商品时往往直接用交易的实物进行"广而告之"，可以说以"实物"直接招徕生意是东北最早出现的招幌样式。随着后来农耕文化在东北广泛传播，商业和手工业也随之在大小城镇繁荣，于是在地域、民族、宗教等诸多因素影响下，东北的商业文化也逐渐形成自己的特色。

　　随着几次"闯关东"人口的大量迁徙并在关外定居，带给东北的不仅是先进的农业生产技术，同时还有先进的手工业技术和经商理念。一时间"悬杆挂幌做买卖"成为最活跃的行当。大小城镇幌杆高耸、幌帜飘扬。为了照顾"主顾"们不同水平的识文断字能力,行商坐贾在招幌设计和制作上各显神通,大走象形路线,在识字率不高的年代实物和模型最受欢迎。各商家不仅把招牌和幌子当成"吆喝"的道具,更是在营商审美和店铺文化上做足了文章!

琳琅满目的招幌都是约定俗成的,本没有分类。"招牌"内容主要以文字表述为主,一般都是本店铺的广告宣传和介绍。而"幌子"主要以标识物为主,它是某一行当的共有符号,比如圆筒式的笼屉幌,一眼就能认出是饭店的幌子。从广义上讲,招牌以用途划分,比如店铺的"字号"、产品的"商标"、广告的"商匾(如童叟无欺)"等都应归"招牌"范畴。而幌子一般有两种方式:一种是按内在性质分,如农牧类、餐饮类、典当类、纺织类、医药类等等,可以说三百六十行,行行有自己的幌子;另一种就是按幌子的外在表现形式分,如实物类、象征类、道具类、描述类、混合类等。

在经商实践中为了进一步烘托效果,商家的招牌和幌子往往是混合使用的。这种艺术和唯美的混用更加让人一目了然,也为我们今天的鉴赏和识读带来了更多的便利。

第一节
实物类招幌图鉴

　　实物招幌顾名思义就是把售卖的商品直接当作标识物。例如售卖灯笼的店铺在挑杆上直接挂个红纱灯，简单质朴，让过往行人一目了然。

纱灯铺幌子
（纱灯实物直接悬挂）

笤帚铺幌子
（笤帚实物直接悬挂）

馅铲幌子
（骨质的馅铲直接悬挂）

灯罩铺幌子
（玻璃油灯罩直接悬挂）

镜子铺幌子

（镜子镶框直接悬挂）

麻线铺幌子

（麻线直接悬挂）

草料铺幌子

（草料直接悬挂）

马具铺幌子

（皮制的鞭梢直接悬挂）

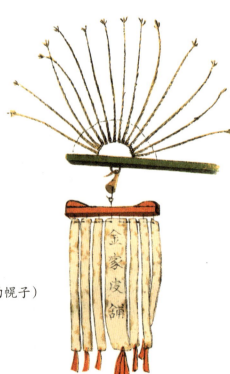

马具铺幌子

（扇形鞭梢和皮料组成的幌子）

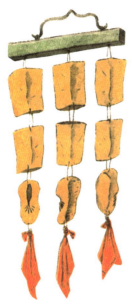

皮靴鞋店幌子
（皮筒和靴鞋组成的幌子）

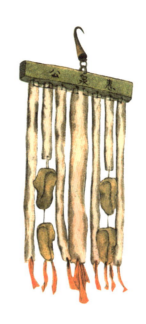

皮靴鞋店幌子
（皮料和靴鞋组成的幌子）

皮靴鞋店幌子
（店名和靴鞋组成的幌子）

皮料铺幌子
（碎皮料和皮板组成的幌子）

烟袋杆铺幌子

（烟袋杆实物直接悬挂）

烟嘴铺幌子

（烟嘴实物直接悬挂）

烟袋铺幌子

(旱烟袋实物直接悬挂)

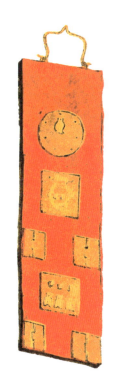

铜器铺幌子

（铜制品直接镶嵌在幌板上）

乐器铺幌子

（胡器直接悬挂）

乐器铺幌子

（各式笛子直接悬挂）

乐器铺幌子

（各式响器直接悬挂）

棉花铺幌子
（棉花卷和棉花包组成的幌子）

木梳铺幌子
（木梳实物直接悬挂）

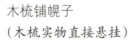

绸缎庄幌子

（绸缎实物直接悬挂）

丝线店幌子

（丝线编成灯笼状悬挂）

琉璃珠子铺幌子
（琉璃珠子编成花篮状悬挂）

鱼肉铺幌子
（腊鱼干直接悬挂）

猪肉铺幌子
（腊猪头直接悬挂）

毛发铺幌子
（染色后的毛发直接悬挂）

毛发铺幌子
（兽毛或头发做成戏曲髯口状悬挂）

果匣铺幌子
（盛装点心的果匣直接悬挂）

柳条包铺幌子
（编好的柳条包直接悬挂）

簸箕铺幌子
（簸箕实物直接悬挂）

耙子铺幌子
（耙子实物直接悬挂）

葫芦瓢铺幌子
（葫芦瓢实物直接悬挂）

炭木铺幌子
（炭木实物直接悬挂）

鞋楦铺幌子
（木制鞋楦直接悬挂）

第二节
象征类招幌图鉴

象征类招幌是在买与卖的交易中自然形成的抽象化的商品指代物。表面上看幌子本身和经营的项目没有直接关系，但溯其根源，都是与其相关联的容器、盛装物或商品功效等夸张的变形和艺术的放大，虽然抽象但不失简单明了。这种抽象的标志被社会广泛接受并形成市场共识。例如人们一看见圆桶状的笼屉造型，就知道是饭馆的幌子；看见手托葫芦的造型就知道是药铺幌子。

双层饭馆幌子

单层饭馆幌子

清真饭馆幌子

　　以圆筒象征笼屉，彩绳象征麻花，花朵象征馒头，下垂的流苏象征面条，是饭馆业最经典的标志。

药铺幌子
（以盛药的容器指代药店生意）

药铺坐幌
（以盛药的葫芦表示药店生意）

药铺幌子
（取"悬壶济世"的寓意，以盛
药的葫芦代表药店生意）

颜料铺幌子
（以多种颜色涂抹在圆棒上寓
意出售涂漆和绘画的颜料）

绢花店幌子
（以花篮的造型和夸张的花束寓意
出售各种绢花、纸花）

开水铺幌子
（以超大的洋铁壶寓意售卖开水）

烧酒铺幌子
（以酒坛的造型寓意售卖烧酒）

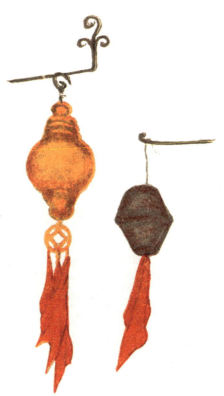

烧酒铺幌子
（双酒坛造型）

烧酒铺幌子

客栈幌子
（以出门人常背的箩筐代表供行
人住宿歇脚的客栈）

榨油坊幌子
（以油罐和滤油工具
指代榨油作坊）

饽饽铺幌子
（以一个大石榴四个小石榴
造型寓意出售精品面食）

油盐铺坐幌

（以葫芦做盛装物造型寓意出售油盐酱醋）

油盐铺坐幌

（以葫芦做盛装物造型寓意出售油盐酱醋）

酱菜铺幌子
（以一串柳编的酱菜
筐寓意出售咸菜）

旋木铺幌子
（以一个夸张的棒槌造
型代表旋木生意）

粮食店幌子
（以变形的"大斗"寓意出售粮食）

铁匠铺幌子
（以一串生铁制品作为铁匠铺标识）

兽医铺幌子
（以精心修饰的栓马桩
作为兽医铺的标识）

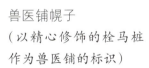

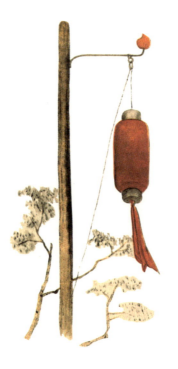

澡堂幌子
（高悬可点亮的灯笼代表
洗澡堂生意）

殡葬铺幌子
（以着彩的纸马寓意专卖丧事用品）

殡葬铺幌子
（以冥车车轮造型寓意专
卖丧事用品）

第三节
道具类招幌图鉴

　　道具类招幌以逼真的实物模型为招徕物,是关东招幌中数量最多、使用广泛且最具艺术表现力的幌子。这些模型工艺精湛、色彩艳丽,个个栩栩如生。它们不仅是商品特征的陈列,更是商家展示经营理念的匠心之作。

旋木庄幌子
（以各种旋木模型表示加工木材）

柳条包铺幌子
（悬挂一大号柳条包模
型展示商品特征）

车灯铺幌子
（人力车车灯制成模型悬挂）

刻字社幌子
（以夸张的印章为道具
表现经营内容）

算盘铺幌子
（以逼真的算盘模型为幌子表现经营内容）

钟表铺幌子
（以一个超大的木制怀表
为幌子代表钟表生意）

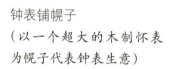

刀剪铺幌子
（以巨大刀剪模型代表经营刀剪生意）

马具铺幌子

（以马鞍子模型代表主营马具生意）

洋铁铺幌子
（以洋铁皮制成的器皿为幌子表
示经营洋铁制品）

烟袋铺幌子
（以旱烟袋模型为幌子表示旱烟袋生意）

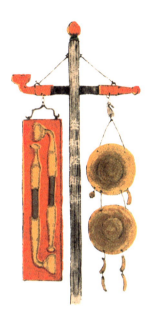

铜器铺幌子
（以铜响器模型为幌子表
示的经营各种铜器生意）

铜器铺幌子
（用铜锁铜铃等模型串成幌子代
表小型铜器专营）

铜铁铺幌子
（以4个铜器模型制成葫芦状表示
经营铜铁响器五金制品生意）

锡铁铺幌子
（以锡锭串起做幌子表示锡器生意）

金店幌子
（以金元宝模型制成塔型表示
经营金银生意）

钱庄幌子

（以铜钱模型串成柱状表示经营钱庄生意）

年画店幌子
（将年画元素绘制在灯笼上
以示年画生意）

蜡烛店幌子
（以巨大蜡烛模型表示
经营蜡烛生意）

年画店幌子

膏药铺坐幌
（将熬制膏药的锅具制成
模型以表示售卖膏药）

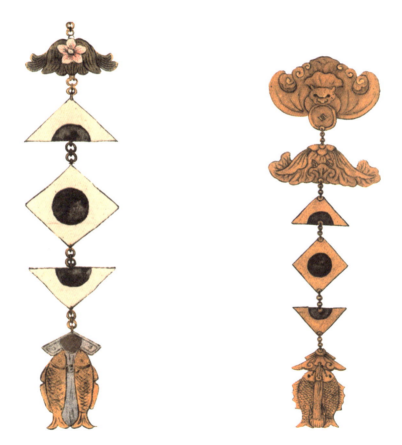

膏药铺幌子（以木板制成膏药的模型悬挂在幌杆上）

鞋庄幌子
（店面悬挂毡鞋的模式
表示经营毡鞋生意）

鞋庄幌子
（以一串毡鞋模型制成幌子
表示鞋铺生意）

鞋庄幌子
（以超大皮鞋模型制成鞋铺的幌子）

鞋庄幌子
（在木板上雕刻出鞋的图案制成幌子）

袜庄幌子
（以一只巨大的袜子模
型制成幌子表示经营
袜庄生意）

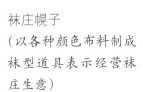

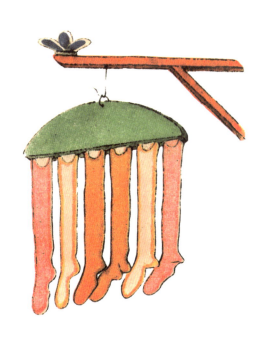

袜庄幌子
（以各种颜色布料制成
袜型道具表示经营袜
庄生意）

手套店幌子
（以巨大手套模型制成幌子
表示售卖手套）

毛巾铺幌子
（以毛巾和彩色布条表示经
营毛巾生意）

服装店幌子
（以平展开的上衣模型为幌子表示服装生意）

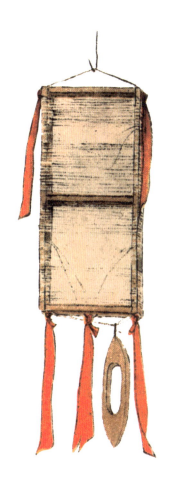

织布店幌子
（以织布机框架和梭子模型
表示织布生意）

裘皮铺幌子
（以毛皮上衣模型制成
皮服幌子）

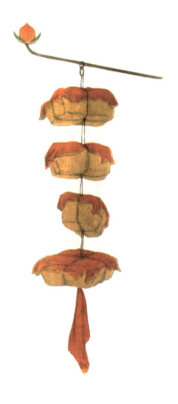

饽饽铺幌子
（以点心匣子模型表示
经营糕点生意）

生鲜铺幌子
（以蔬菜模型和干鱼制成幌
子表示售卖时蔬生鲜）

元宵铺幌子
（在灯笼上插上元宵模型表
示售卖元宵）

大饼子铺幌子

（悬挂大饼子模型表示售卖玉米饼子）

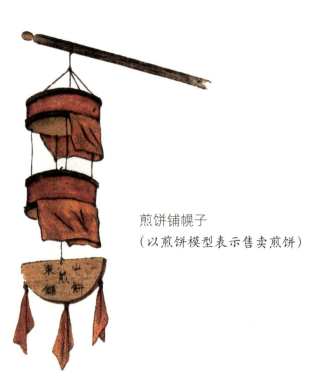

煎饼铺幌子
（以煎饼模型表示售卖煎饼）

煎饼铺幌子
（以煎饼模型表示售
卖煎饼）

煎饼铺幌子
（悬挂煎饼、大饼子两种模型表
示煎饼和大饼子兼营）

馒头铺幌子

（以馒头模型表示售卖白面馒头）

切面铺幌子
（用丝线制成面条模型表示
经营切面生意）

第四节
描述类招幌图鉴

　　描述类招幌以文字、绘画等手段表示经营项目的广告，也称作"字幌"或"描绘幌"。通过文字或者绘画为媒介能够更加准确地表达商家意图和商品属性，也是应用比较广泛的一类招幌。比较有代表性的是当铺业常用的"当"字木牌，几乎随处可见。银号的"银"字也为广大商民所熟知。

杂货铺幌子
（直接用文字将经营品
种书写在灯幌上）

刻字社幌子
（以反写的"东"表示刻字技术配以
"刻字铺印刷局"文字说明）

金店幌子
（在灯笼型幌杆顶部金漆描绘龙
凤等吉祥图案表示金店生意）

客栈幌子
（在花饰的木板上直接书写客
栈的名字）

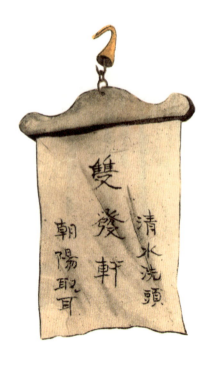

剃头铺幌子
（将洗头、理发、采耳等项
目直接书写在布幌上）

剃头铺幌子
（直接在布幌上书写"理发"
等文字）

典当铺幌子

（将"当"字直接刻写在招牌上）

典当铺幌子

（将"当"字直接刻写在招牌上）

鼓乐班幌子

（直接将"红白二事"等文字
刻写在木板上）

油漆店幌子

（直接用镂刻的文字制成幌子）

染坊幌子
（直接将文字刻写在彩漆板上
表示经营彩染生意）

油布铺幌子
（在防水布上直接书写售卖油布）

成衣铺幌子
（直接在幌板上刻写"成衣局"
字样表示加工制作服装）

成衣铺幌子
（旧时成衣铺也称"女工厂"，
均表示加工制作服装）

茶馆幌子
（在幌板上直接写上名茶名水表
示茶馆生意）

茶叶铺幌子
（直接在幌板上刻写"茶庄"二
字表示售卖茶叶）

茶庄幌子
（直接悬挂镂刻的"茶
庄"字号表示售卖茶叶）

酒馆幌子
（在幌布上书写"酒店"字样
表示酒饭兼营）

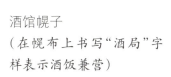

酒馆幌子
（在幌布上书写"酒局"字
样表示酒饭兼营）

苞米面铺幌子
（将"苞米面子"及字号
直接刻写在幌板上表示
经营苞米面生意）

苞米面铺幌子
（将"苞米面"字样刻写在
蝙蝠造型的幌板上表示
经营苞米面生意）

点心铺招牌
（在幌牌上直接漆写糕点的
名字，往往四字一组表示经
营糕点生意）

点心铺招牌
（在幌牌上直接漆写所售
卖品种的名字，往往四字
一组，表示经营糕点生意）

烧腊铺招牌
（将烧腊品种漆写在木牌
上表示经营熟食生意）

豆浆铺幌子
（将"豆乳"字样直接写在幌布
上表示经营豆浆生意）

豆浆铺幌子
（将"浆汁"字样直接写在幌
布上表示经营豆浆生意）

豆浆铺幌子
（将"豆腐浆"直接写在幌板上
表示经营豆浆生意）

包子铺幌子
（在幌板上书写"包子铺"及
字号表示售卖包子）

熟食铺幌子
（在灯笼上书写"酱肉""烧饼"表示经营特色熟食）

油饼铺幌子
（在饼型的幌板上刻写"大锅饼"表示售卖大油饼）

面条馆幌子
（将经营面条刻写在树叶型的幌板上表示售
卖面条。"福山面"是山东传统特色美食）

回族饭店幌子
（幌板上以蓝色和绿色为主色调，
刻写"回回"等文字表示经营的是
清真食品）

回族饭店幌子
（幌板上以蓝色和绿色为主
色调，刻写"清真"等文字表
示经营的是清真食品）

回族饭店幌子
（幌板上以蓝色和绿色为主色调，刻
写"回回""清真""古教"等文字表示
经营的是清真食品）

饭店招牌
（挂在店内的文字招牌，
主要书写经营项目）

杂货铺幌子
（将经营的杂货品种书
写在灯笼上表示经营
杂货生意）

第五节
混合类招幌图鉴

　　混合类招幌指多种类型的招徕手段混合运用，以达到更好的传播效果。比如在商品道具模型上还要刻写"货真价实""童叟无欺""不误主顾"等描述语，丰富了招幌内容。

地毯铺幌子
（在地毯幌子上加写"自造地毯"字样混合运用实物加文字描述的方法）

颜料铺幌子
（在颜料道具上加写"官方赤金"等介绍文字表示颜料正宗）

点心铺幌子
（糕点模型加点心品名介绍的混合幌）

面筋店幌子
（面筋模型加"大面筋"文字混合
幌，进一步强化面筋品质）

面筋店幌子
（面筋模型加"大利开市"等字样，用文
字描述加深对面筋品质的认识）

豆腐铺幌子
（豆腐模型加"准斤拾六两"文字
描述表示足斤足两诚信经营）

豆腐铺幌子
（豆腐模型加文字描述，
起到更好的售卖效果）

煎饼铺幌子
（煎饼模型加"不欺三尺子、
义取四方财"文字混合使
用，进一步烘托经营理念）

煎饼铺幌子
（煎饼模型加"煎饼足斤、果
子不小"文字混合使用，进
一步宣传自己食品）

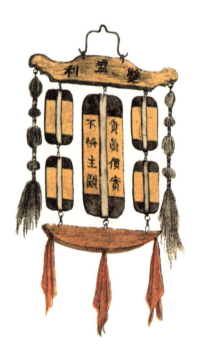

篦子铺幌子
（篦子模型加"货真价实、不误主
顾"文字，进一步表示诚信经营）

席子铺坐幌
（以一领炕席实物作幌子，上书"各种
芦席俱全、卤水批发零售"表示售卖炕
席兼营卤水生意）

果匣子铺幌子
（以盒子模型加"发卖果匣子"文
字更加准确地传递售卖信息）

马具铺幌子
（套包幌子加"马车用具、鞍鞯
皮店"招牌表示马具齐全）

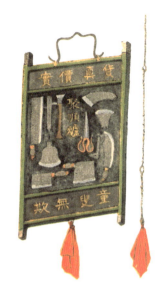

刀剪铺幌子
（刀剪刃具模型加"货真价实、
童叟无欺"文字表示诚信经营）

烟袋铺幌子
（旱烟袋模型加"高铜烟袋"文
字表示售卖烟袋的品质）

年画铺幌子
（苇席上挂满年画，招牌上书写"香
烛俱全、发卖神纸"表示年纸齐全）

占卜馆坐幌
（卦台和卦签实物加"星命专家"文字推销求签问卜之术）

占卜馆幌子
（卦签模型加"合婚嫁娶、破土安葬"等文字推销求签问卜之术）

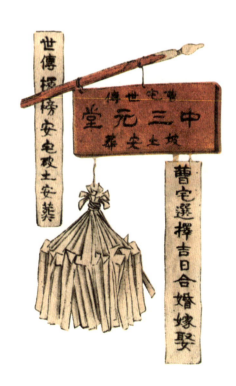

第二章
市井中的关东招幌

　　经商之道也讲究"术业有专攻"，这在独特风土人情环境下养成的东北老字号分工上显得格外分明。比如同样经营毛皮生意，具体店铺又可以分为皮板店、皮具店、皮裘店等，有的甚至细分到牛皮、鹿皮、貂皮的层面；同样经营餐饮生意，又因烹调手艺高低不同分为悬挂两个幌、四个幌。甚至故意以幌线的疏密来区分接待规模，幌线间距稀疏的为小吃铺，幌线间距稠密叠层复杂的则可包办酒席。

　　市井气和烟火气都离不开"买卖人"的吆喝声！在一幅幅东北城镇老街景的图片中，那些高耸入云的幌杆、那些精美绝伦的模型，那些巨幅的幌旗，几乎占据了整幅画面。这些定格的历史画面，不仅使得人们的视觉被深深感染，听觉也仿佛随着"吆喝声"回到了那遥远的年代。这些繁华的市井写真不仅留下了历史记忆，还留下了老招幌创意中的文化韵味！

第一节
招幌实景篇

引言和前章通过学术梳理和类型分类介绍了关东招幌的历史和类别，但对于今天已经渐行渐远的招幌来说，人们的记忆是有限的。本节选择有实景照片的部分招幌为例，以招幌图示、历史图片、文字介绍三结合的形式具象化展示招幌的使用场景和实用功能。

1

金　店

金店从来都是商业奢华的最佳代表。因此金店招幌也最为富丽堂皇、夺人眼球。金店独特的经营业务，本身就需要通过招幌来展示店铺的华贵。因此此类店铺多用象征类幌子，金饰物、元宝山等衍生成金银堆起的"仙楼"等形象，直爽热烈地展示本家店铺的雄厚实力。

金店招幌实景

金店招幌图示

金店招幌实景

金店招幌图示

2
药 铺

关东有三宝，中药占其二，可见珍贵中草药在东北物产中的重要地位。人参、鹿茸、虎骨、熊胆，这些在传统中国被认为或能起死回生，或能药到病除的关东草药无不因东北地区独特的自然地理条件而孕育，行销全国，甚至形成了"关药"（山海关外出产药材）这一专有品类。药铺招幌多以象征手法，引用古代名医悬壶济世的典故，以"葫芦"为幌。更有专营"灵散膏丹"的药铺以其最为拿手、畅销的黑膏药（又称"狗皮膏药"），作为自己店铺的幌子。

以葫芦为幌子的店铺实景

药铺葫芦招幌图示

以葫芦为幌子的店铺实景

以膏药为招幌的药店实景

膏药幌子图示

以膏药为招幌的药店实景

3
饭　馆

　　关东招幌中最有"讲究"的，那要数饭馆的招幌了。正规饭店的招幌是由道具类招幌笼屉衍变而来的专门幌子，圆形桶状，多饰以红蓝色流苏，高悬店铺门楣，迎接八方宾客。从道具类幌子发展为专属的行业象征类幌子，本身就代表了此类招幌衍变周期之长、人们喜闻乐见程度之高，进而又从颜色上区分汉族和回民餐馆，从幌子数量甚至流苏疏密上区分餐馆等级，如此细化的"讲究"，绘就了关东市井中一道靓丽的风景线。

饭馆招幌图示

清代柳条边法库边门旁的小饭馆,悬挂单幌,为经过的旅人提供简单餐食

餐馆招幌实景图

 饭馆招幌图示

四个幌子代表这家餐馆可以做南北大菜,有单间雅座,规模非凡

红色幌子代表汉族餐馆　　　　　　　　　　"苟不里"包子铺前的招幌

因为饮食习惯不同，为表尊重，提供便利，回族餐馆的招幌或为蓝色或在醒目位置标明"清真"。

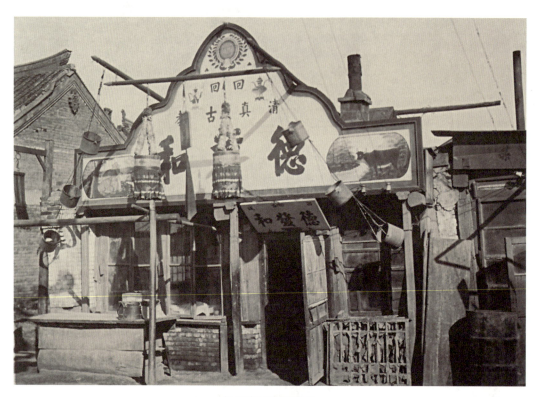

餐馆招幌实景图

饭馆招幌图示

4

杂货铺

　　日用百货是老百姓生活中的必需品，用什么做招幌能代表自己的店铺品类齐全，货真价实呢？在东北有的店主直抒胸臆，用特大的标语展示自己店内的商品名目；有的店主巧思无限，把宣传语写在门前的灯笼上；有的店主化繁为简，用夸张的绒线圈和道具梳子象征自己的店铺生意。

杂货铺招幌实景

 杂货铺招幌图示

箱包灯笼也是杂货的一种。与今
天不同,在传统的关东街市会见到很多
售卖灯笼、箱包的专营店,这些店铺今
天已经消失,但是通过老照片我们依旧
能见到他们当时繁盛的样子。这类店
铺多以道具为幌,或为箱包或为灯笼。

日杂店（箱包灯笼）招幌实景

 杂货铺招幌图示

5

丝绸庄

　　"浙杭绸缎"在旧时的东北可是稀罕物。相对漫长的冬季和落后的纺织业，让那时的人们在衣着服饰上经常陷入审美疲劳，人们大多土布素衣。只有到了年关、嫁娶等大日子，或新置，或赠送，一身"缎子新衣"，甚至一块颜色鲜艳的花布，都会给人们的生活增色不少。鉴于绸缎在关东人心中的地位，绸缎庄的幌子在旧时的街市中也就更加显眼，它们不仅被描绘得五颜六色，还有着或纵深街心或高耸入云、雕刻精美的高大挑杆。

绸缎庄的招幌和龙头挑杆

丝绸庄招幌图示

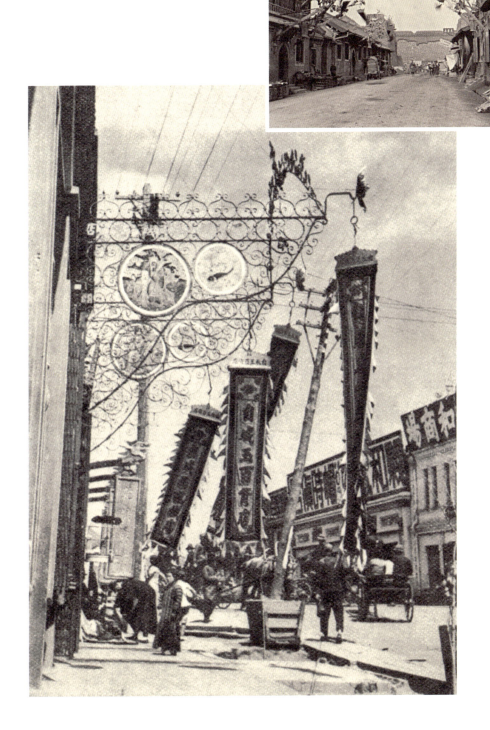

 丝绸庄招幌图示

6

马具铺

满族、蒙古族、锡伯族等是东北地区的世居民族，他们擅长骑射，本就离不开马匹，清末以来，随着汉族移民大量涌入关东发展农业，为了满足农产品的外运，马匹又成为重要的交通工具。因此，马具店就成为当时东北地区独具特色的商业形态，其招幌也多直白醒目，马鞍、辔头等马具模型便成为最好的广告。

马具铺招幌实景

马具铺招幌图示

马具铺招幌图示

马具店

马具铺招幌图示

7

大车店

清末以来，东北地区农业迅速发展，粮食外运成为这一时期东北的主要财源。大车店是东北独有的商业形态，大车即用于长距离粮食转运的平板马车。大车店就是在各大驿路和粮食集散地设置的专属于大车老板们的"司机旅馆"。原本大车店只提供住宿服务，后期也提供茶水、戏曲娱乐等附属业务，甚至精明的大车店主就近搞起粮食期货生意，长春著名的老字号"益发合"就是如此发展起来的。与马具铺不同，大车店有着自己专属的道具招幌——箩筐，据说是因为进出大车店的人们多背箩筐，于是便约定成俗。

大车店招幌实景

大车店招幌图示

大车店招幌图示

带有戏曲业务的大车店

8

马掌铺

与马具铺和大车店的普及原因一样，东北地区马掌铺也是一种独具特色的商业形态。这类店铺直接以拴马桩为幌，比较精致的大店饰以彩绘纹饰，简陋的乡间小店直接在门口修蹄钉掌，毕竟劳动和手艺才是最好的推销广告。

东北街头的马掌铺

马掌铺招幌图示

9

鞋　店

　　靰鞡鞋是关东独有的鞋具，用牛皮制成，讲究的关东人还要求其有固定的褶皱数量，以便在满足抵御严寒的同时兼具美感。关东的鞋店多以道具鞋为招幌，高高悬挂，一目了然。

鞋店招幌图示

鞋店招幌图示

10
服装店

　　相较于绸缎店，售卖满足人们基本保暖需求的普通衣物店铺，其招幌就显得寒酸很多，甚至有的店铺不仅出售新衣，还能买到别人典当的旧衣服。此类衣服铺多以衣物为道具招幌。

服装店招幌实景

服装店招幌图示

11

食杂店

　　柴米油盐酱醋茶，以售卖生活必需品为主的食杂店也是关东业态中普遍存在的。这些店铺或是专营一项，或是多种集于一店。使用道具类和描述类招幌是这类店铺最多的选择。

食杂店招幌实景

食杂店招幌图示

食杂店招幌图示

東盛燒鍋

食杂店招幌图示

12
点心铺

　　"打春到初八呀，新媳妇住妈家呀，带领我那小女婿呀，果子拿两匣呀，丈母娘啊一见面呀……"这是经典二人转曲目《小拜年》中的曲段。在传统时代的关东，京式糕点果匣子是年节拜访亲友的必备礼品。大街小巷的点心铺，通过各式各样的幌子招徕着顾客，传递着关东人独有的人情往来。

点心铺招幌实景

点心铺招幌图示

点心铺招幌图示

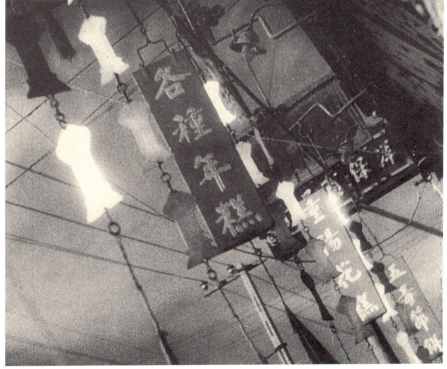

13

当　铺

典当亦称"当铺"或"押店"，是专门收取抵押品而借款给人的店铺。中国历代典当名目繁多，有称"质库""解库""典铺""长生库"等等。典当铺独爱用描述类招幌，一块"当"字牌高悬店门，简单低调。

当铺招幌实景

当铺招幌图示

 当铺招幌图示

第二节
市井百业篇

月是故乡明，家乡对于中国人而言有着说不尽的文化情怀，展示关东招幌怎么能不顾及大家对家乡旧时街市和招幌的记忆呢？我们精心选取了东北地区清代到民国时期60余城市中的市井招幌历史图片，希望大家了解关东招幌使用场景的同时，唤起大家对家乡历史风貌的追忆。

沈阳

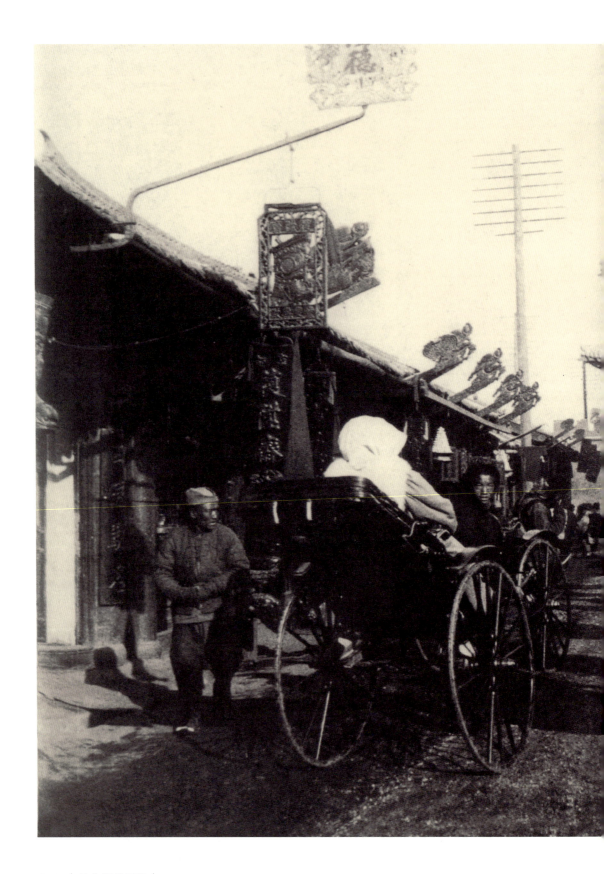

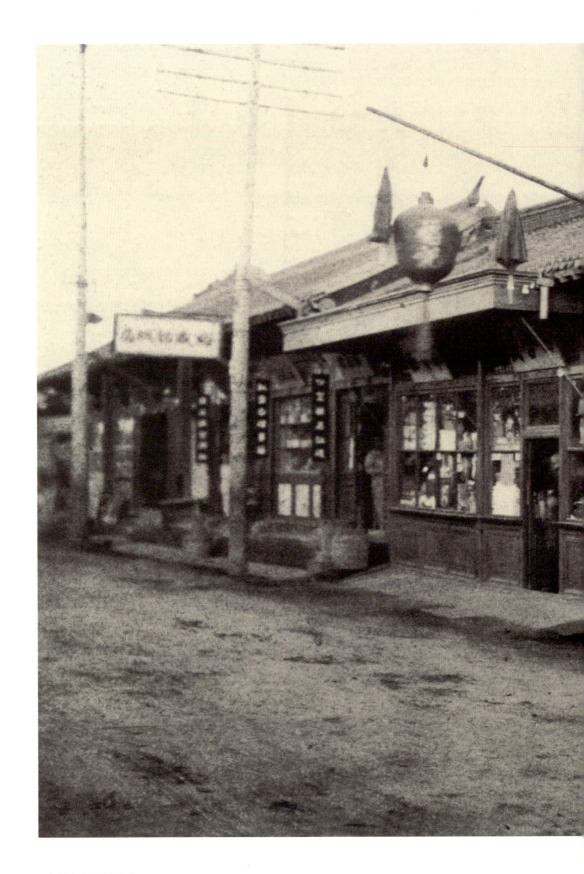

长春

哈尔滨

大连

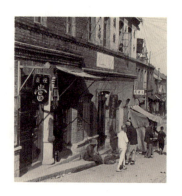

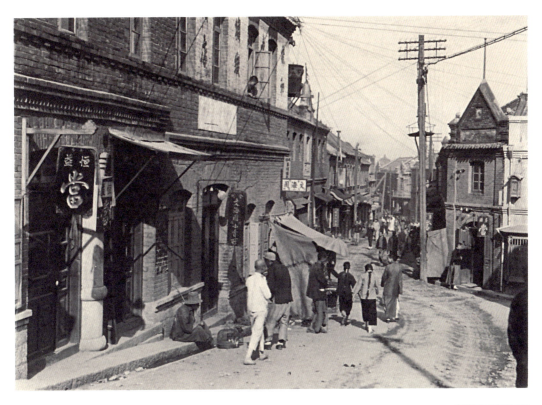

吉林

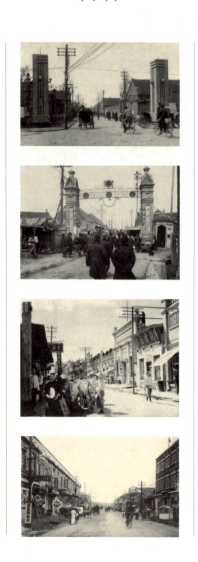

齐齐哈尔

其他城市

丹东

丹东汤山城镇

大石桥

兴城

北票

辽阳

辽阳

营口

绥中

义县

抚顺

开原

彰武

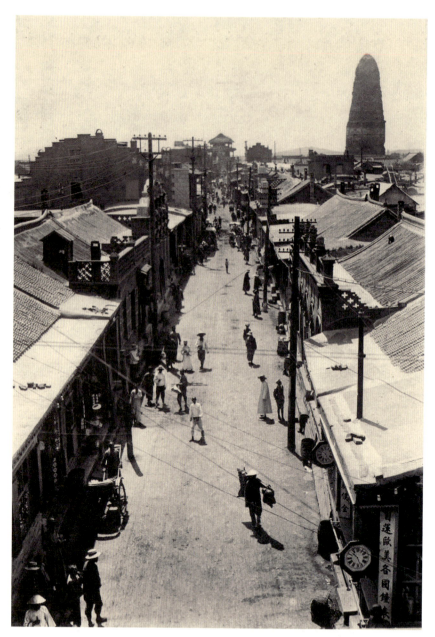

凌海

建平叶柏寿

朝阳

朝阳

农安1

农安2

九台1

九台2

榆树

德惠

德惠

公主岭1

公主岭2

公主岭 3

公主岭 4

蛟河

蛟河市拉法镇

磐石

四平1

四平2

四平 3

四平 4

四平郑家屯1

四平郑家屯2

梨树

辽源

通化1

通化2

通化3

通化4

通化5

北平德古斋（通化）裱画室

柳河

梅河口海龙镇

梅河口山城镇1

梅河口山城镇2

前郭尔罗斯

扶余1

扶余2

白城 1

白城 2

白城 3

白城 4

白城 5

洮南1

洮南2

洮南3

洮南 4

洮南 5

大安1

大安2

延吉1

延吉2

延吉3

延吉4

延吉5

延吉6

图们

敦化1

敦化2

敦化3

珲春1

珲春2

龙井老头沟镇

阿城1

阿城2

依兰

呼兰1

呼兰2

呼兰3

五常

昂昂溪

克山1

克山2

讷河

虎林

饶河

佳木斯

桦南1

桦南2

同江

勃利1

勃利2

宁安

东宁

牡丹江1

牡丹江2

牡丹江3

林口1

林口2

黑河1

黑河2

黑河3

五大连池龙镇

北安

绥化

海伦1

海伦2

海伦3

海伦4

第三节
街巷游商篇

旧物市场的商贩

卖线的行商

路边理发摊

剃头摊

路边理发刮脸摊

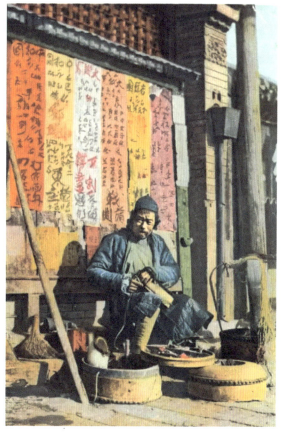

路边修鞋摊

绢花摊

小吃摊

路边馒头摊

面食摊

游走街头售卖白菜的商贩

煎饼摊

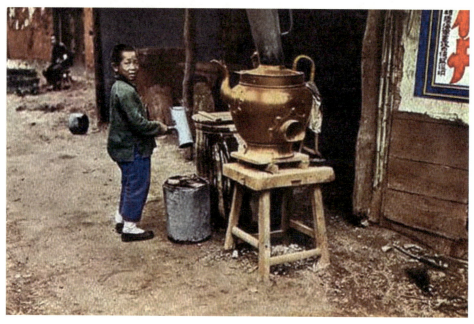

街边开水铺

哈尔滨街头叫卖的商贩

冻鱼摊

售卖糖葫芦的商贩

售卖糖葫芦的商贩

香烟广告

铜铁制品商店

街边箩筐摊

露天的五金店

染料摊

铜碗挑子

江湖游医

算卦摊

算命馆

看相摊位

鼓乐班

鞭炮摊

街边风筝摊

街边鸟笼摊

第三章
关东招幌文化

无论是传承商业文明的文化符号，还是非物质文化遗产中的艺术珍宝，招幌在昔日的市井繁华中都留下了独特的浓墨重彩，给我们今天带来了跨越时空的民俗和艺术享受。

此是吹糖人兒之圖

此是算卦的攤子之圖

第一节
清代常用招幌

药酒幌子

金店幌子

藥堂子幌子

萬順蓆店 蓆鋪幌子

當鋪幌子

烧酒幌子

膏药幌子

裕源樓定打金銀首飾金銀器

薑店幌子

官車鋪幌子

鞍黏鋪幌子

首飾樓幌子

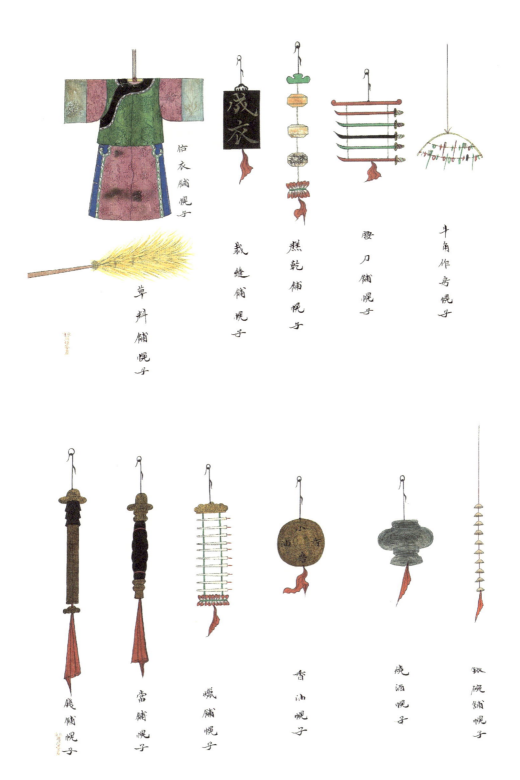

估衣铺幌子

草料铺幌子

裁缝铺幌子

糕乾铺幌子

腰刀铺幌子

牛角作房幌子

钱铺幌子

当铺幌子

蜡铺幌子

香油幌子

烧酒幌子

饭碗铺幌子

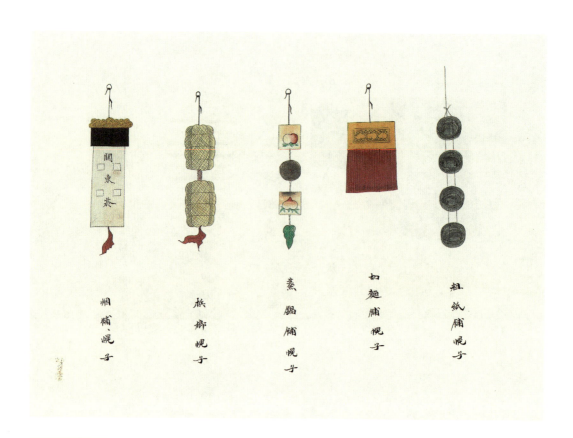

烟铺、幌子

槟榔幌子

蒸饠铺幌子

切面铺幌子

粗纸铺幌子

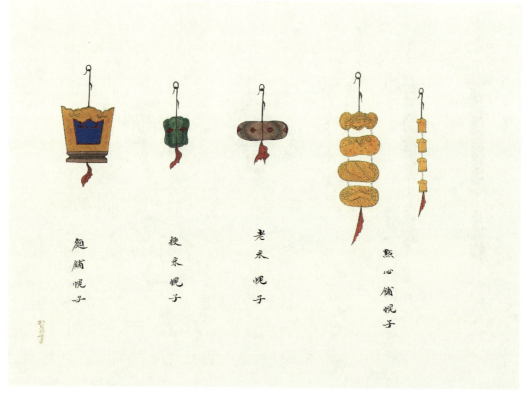

麺铺幌子

粳朱幌子

老朱幌子

點心铺幌子

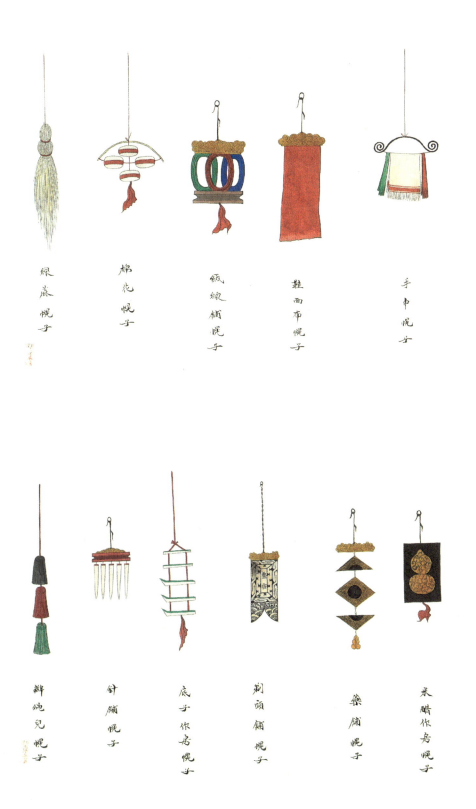

绿蔴幌子

棉花幌子

绒线铺幌子

鞋面布幌子

手巾幌子

辫绳儿幌子

针铺幌子

底子作房幌子

剃头铺幌子

药铺幌子

米醋作房幌子

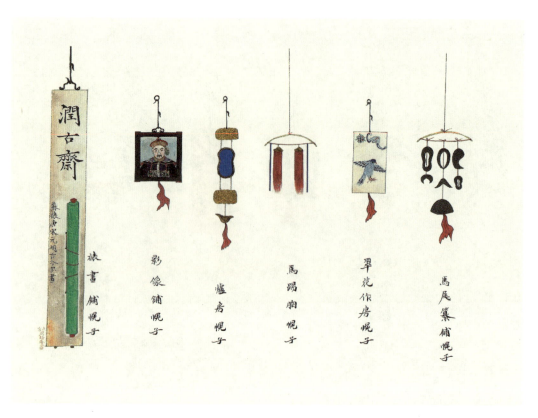

裱画铺幌子 　 影像铺幌子 　 炉房幌子 　 马踢胸幌子 　 翠花作房幌子 　 马尾篓铺幌子

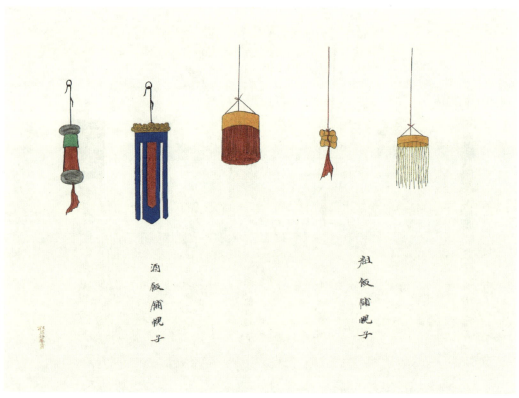

酒饭铺幌子 　 粗饭铺幌子

響昆鋪幌子

粉房幌子

皮板鋪幌子

眼藥鋪幌子

鞋鋪幌子

襪子鋪幌子

烟袋鋪幌子

烟袋桿幌子

帽鋪幌子

萬安齋

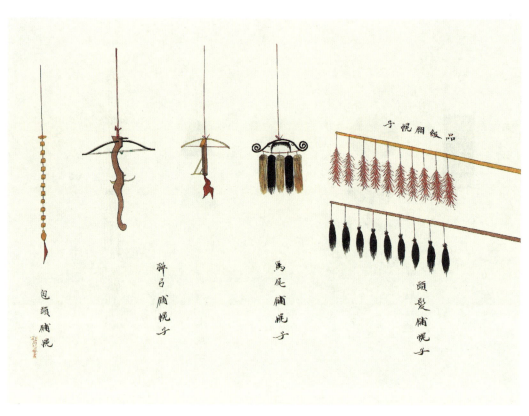

子幌铺级品

包头铺幌

弹弓铺幌子

马尾铺帽子

头发铺幌子

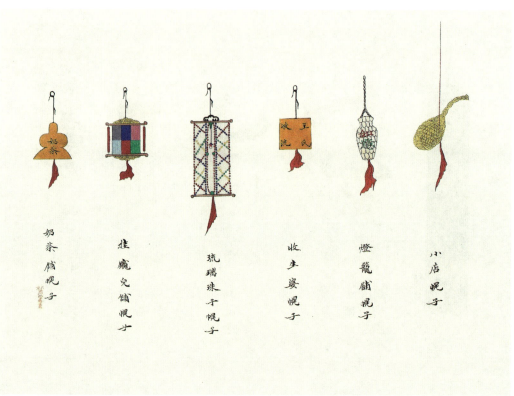

奶茶铺幌子

挂炉兔铺幌子

琉璃珠子幌子

收生婆幌子

灯笼铺帽子

小店帽子

琉璃作房幌子

籠屉鋪幌子

風箱鋪幌子

假首飾幌子

點心鋪元宵幌子

爬臭鋪幌子

鼻烟舖幌子

帽舖幌子

刀剪舖幌子

具衣舖幌子

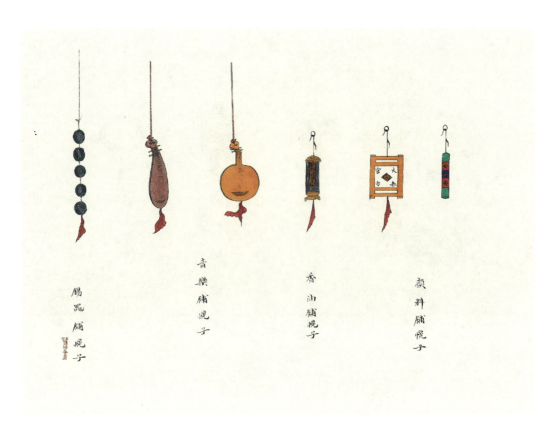

颜料铺幌子

香油铺幌子

音乐铺幌子

腸弦铺幌子

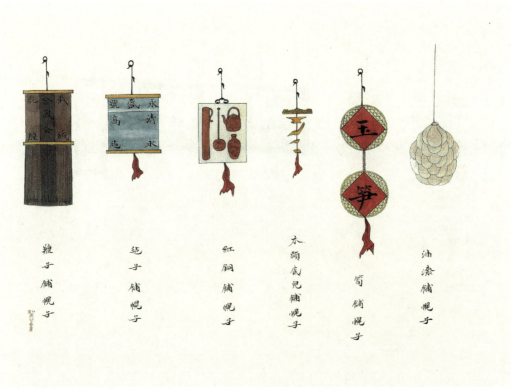

油漆铺幌子

筍铺幌子

木头底兒铺幌子

红铜铺幌子

靴子铺幌子

鞋子铺幌子

第二节
民国常用招幌

鞭炮铺幌子

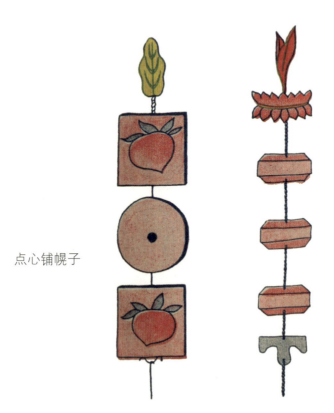

点心铺幌子

饭店幌子

旅馆和刀具铺幌子

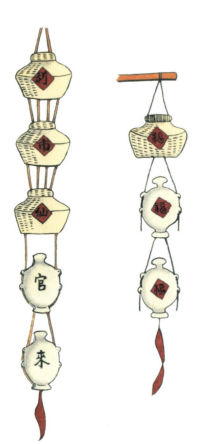

酒壶酒篓铺幌子

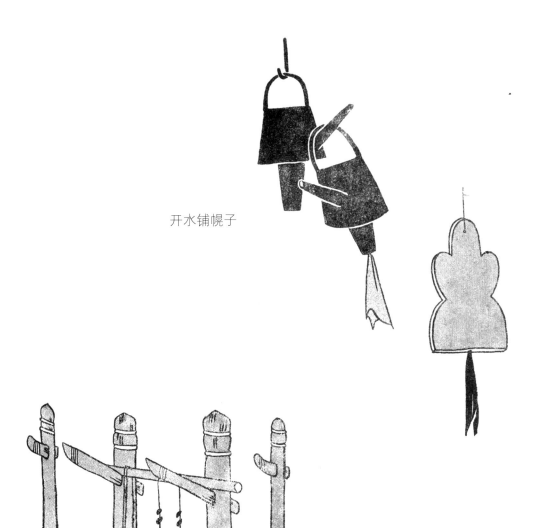

开水铺幌子

马掌铺幌子

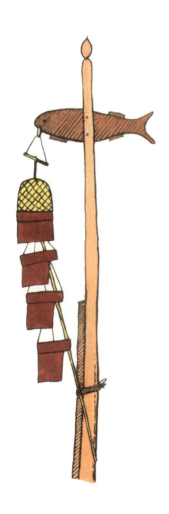

旅店幌子

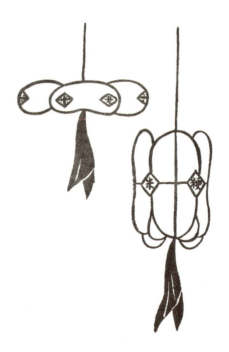

米店幌子

磨粉铺招幌

烧酒铺幌子

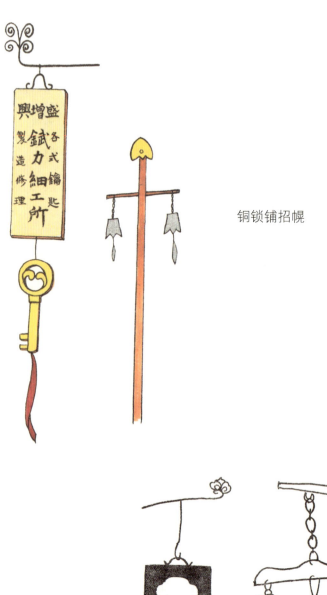

铜锁铺招幌

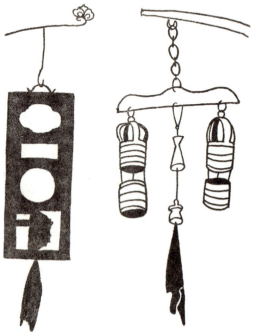

锡器铺、铜器铺幌子

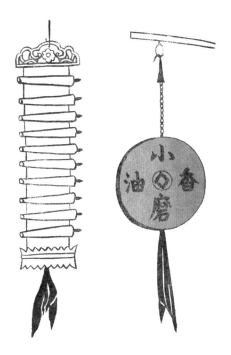

香油铺和蜡烛铺幌子

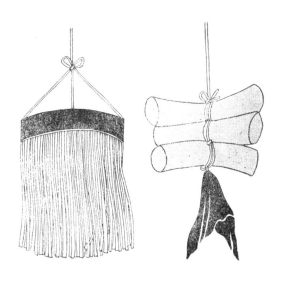

小吃部和煎饼铺幌子

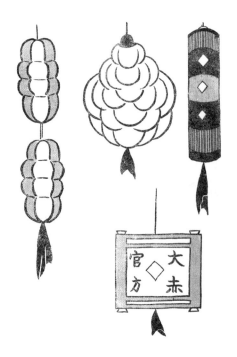

颜料铺幌子

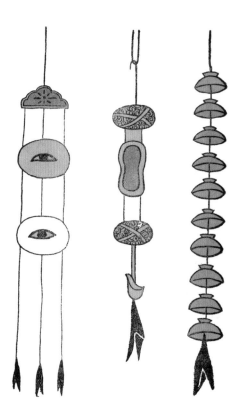

眼药铺、铁匠铺、银器铺幌子

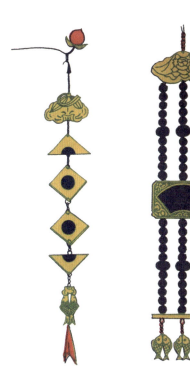

药房幌子

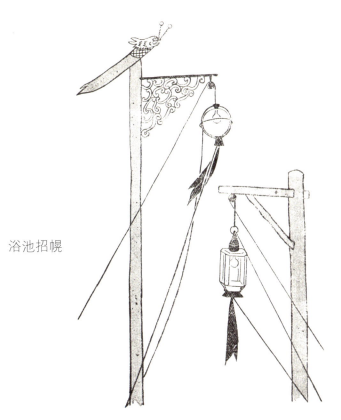

浴池招幌

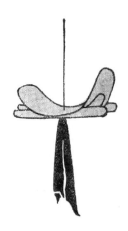

马鞍铺幌子

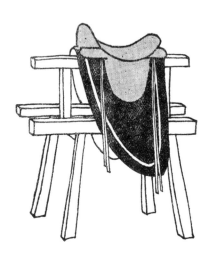

烟袋铺、眼镜店幌子

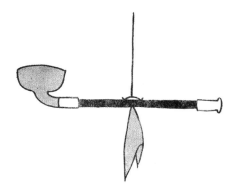

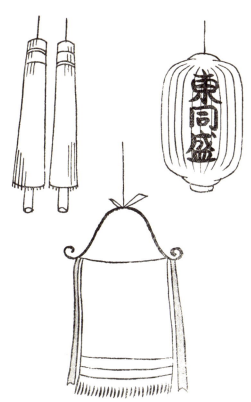

灯笼铺、毛巾铺、雨伞铺幌子

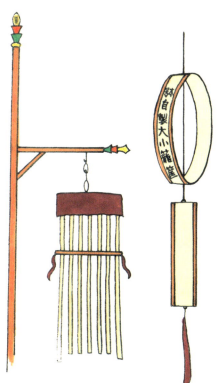

饭馆和笼屉铺幌子

服装店和染衣铺幌子

干鱼铺幌子

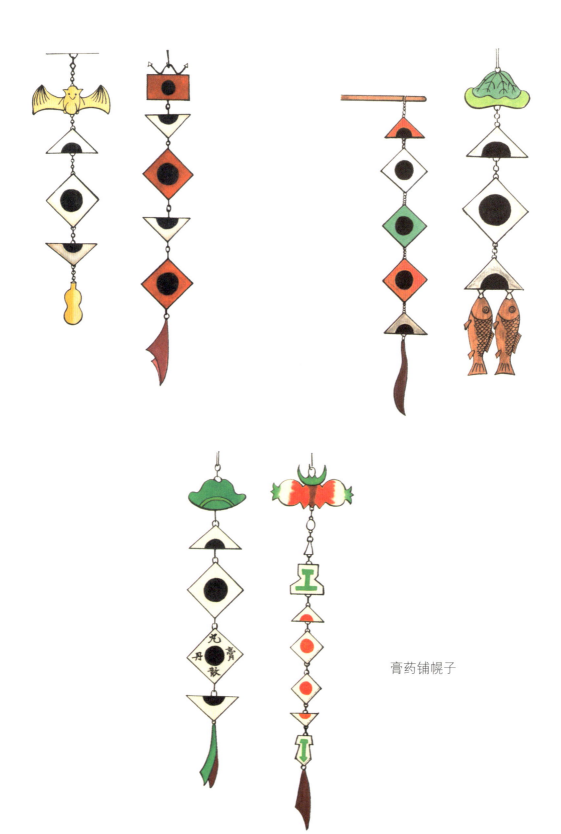

膏药铺幌子

弓箭铺和牛角作坊幌子

弓箭铺幌子

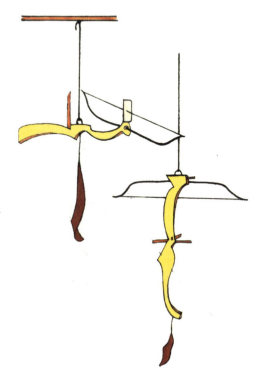

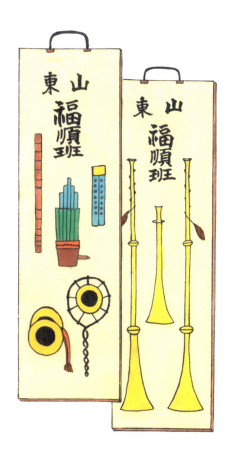

鼓乐班幌子

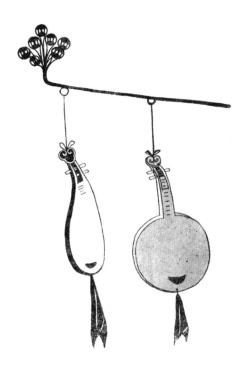

乐器铺幌子

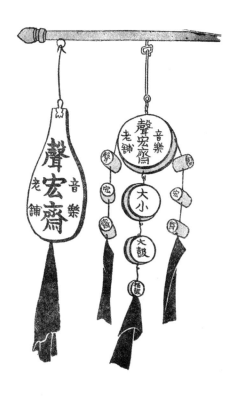

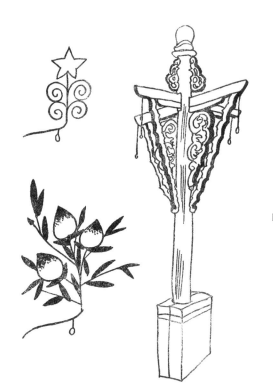

幌杆铺招幌

粮店和棉花铺的幌子

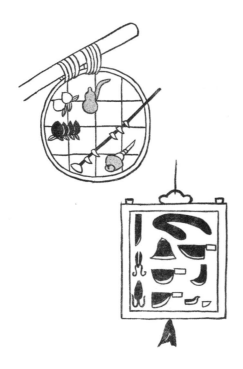

琉璃铺、刀剪铺招幌

篓筐铺幌子

旅店幌子

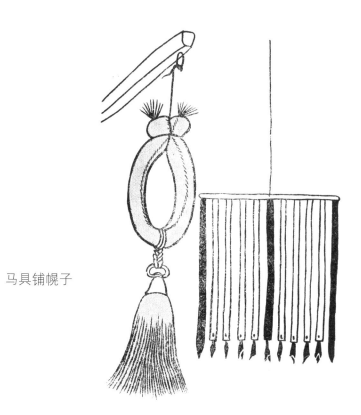

马具铺幌子

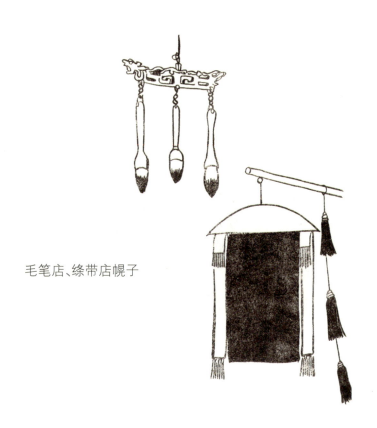

毛笔店、绦带店幌子

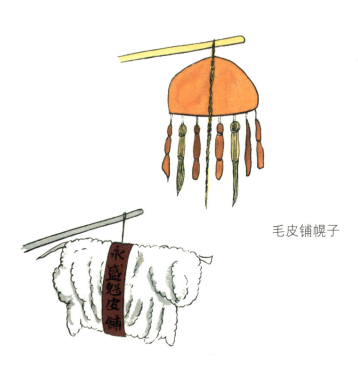

毛皮铺幌子

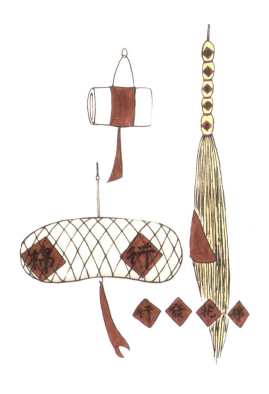

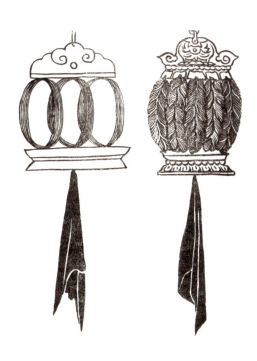

棉麻铺幌子

切面铺幌子

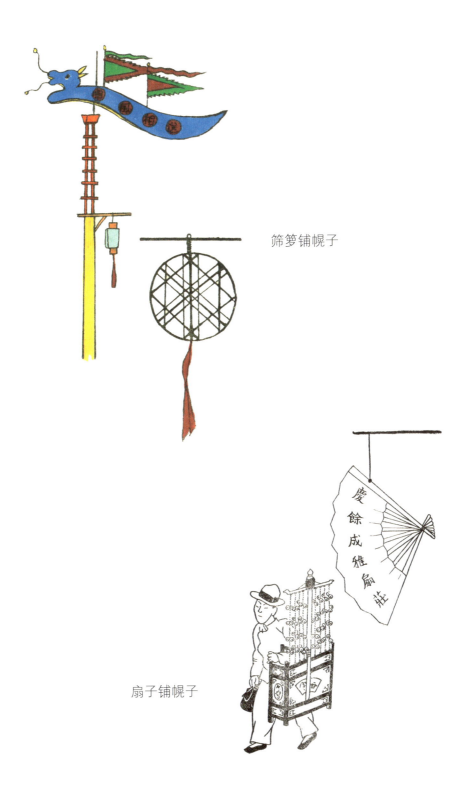

筛箩铺幌子

扇子铺幌子

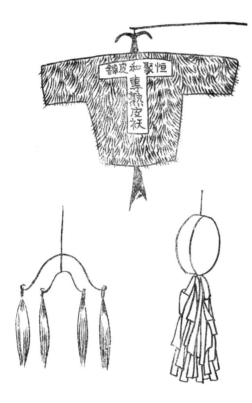

熟皮铺幌子

苇席铺招幌

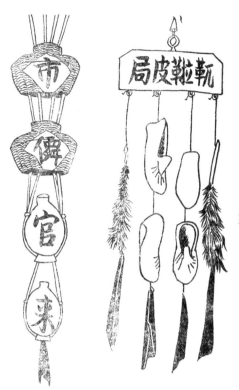

靰鞡鞋店和油壶铺幌子

鞋袜庄幌子

招财童子 鞋靴鞍铺幌子

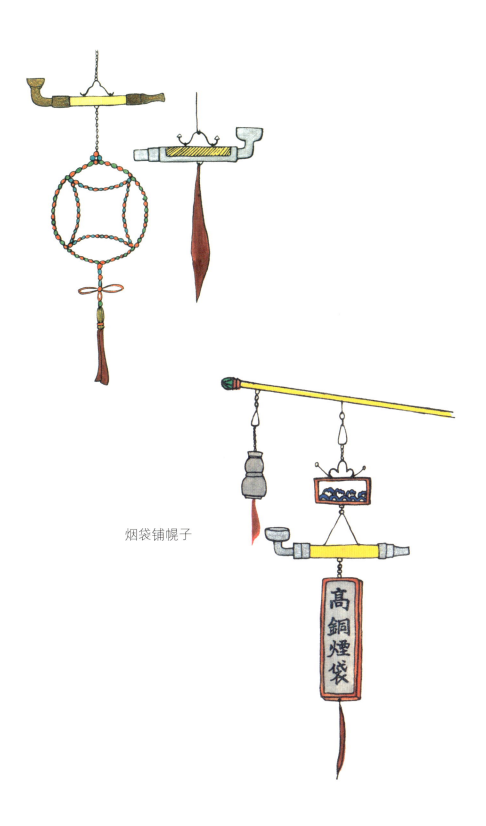

烟袋铺幌子

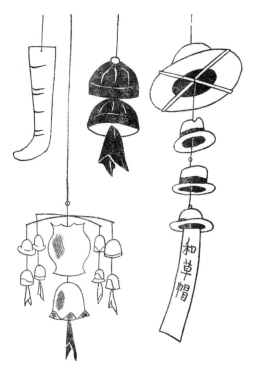

洋货铺幌子

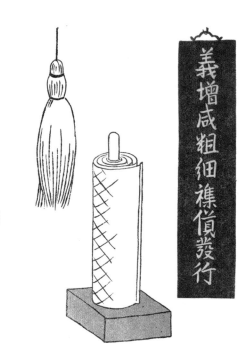

杂货铺招幌

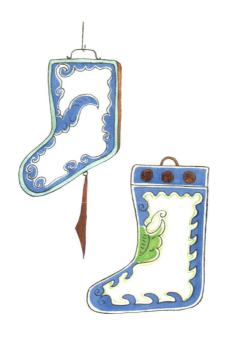

毡靴铺幌子

茶庄招幌

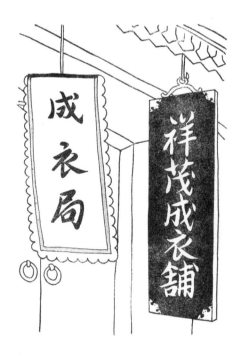

成衣铺招幌

绸缎庄幌子

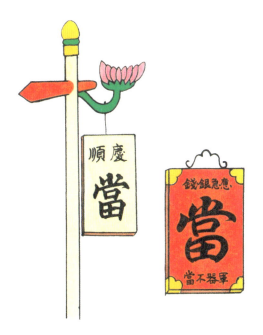

当铺幌子

典当铺招幌

点心铺招幌

饭店招幌

老式剧场招幌

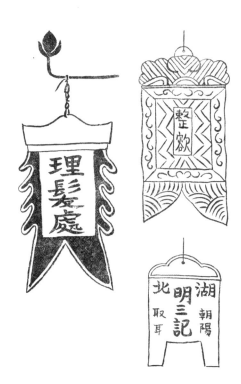

理发店幌子

面粉铺招幌

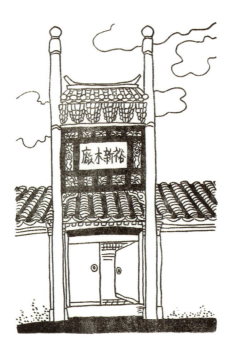

木材厂的招幌

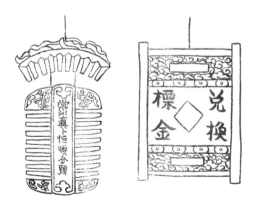

钱庄、梳子铺、皮子铺招幌

清真食品招幌

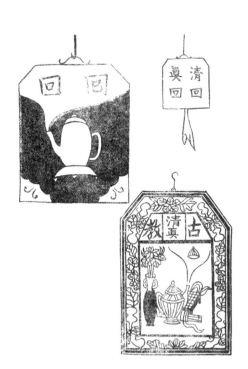

食杂店幌子

新式剧场招幌

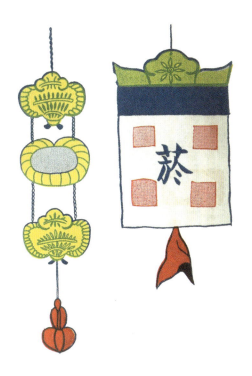

烟草铺幌子

浴池的招幌

占卜馆招幌

中药铺招幌

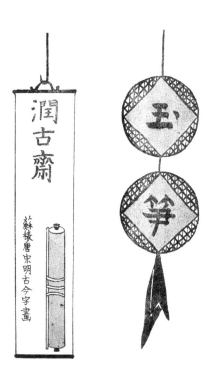

竹器店和裱糊铺招幌

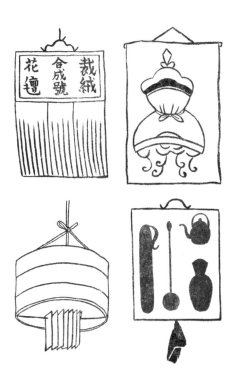

幌子铺、铜器铺、毛毡
铺、笼屉铺幌子

假发铺招幌

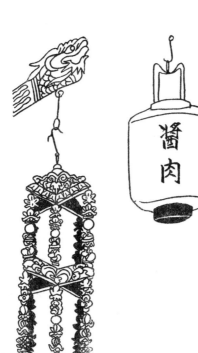

酱肉铺幌子

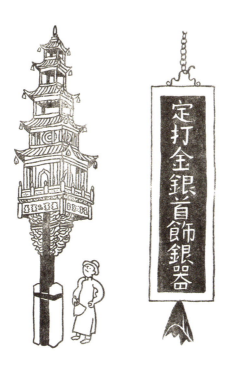

金店幌子

筐篓铺招幌

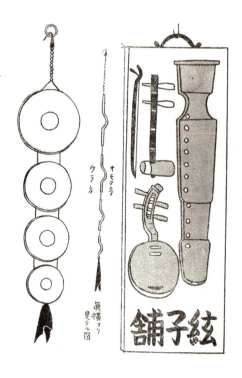

乐器铺幌子

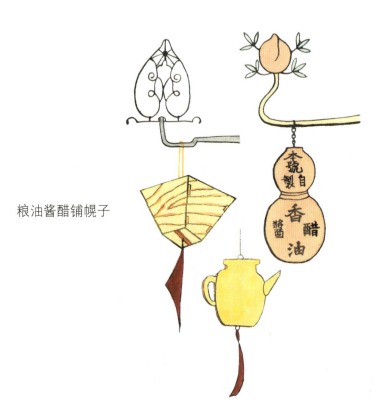

粮油酱醋铺幌子

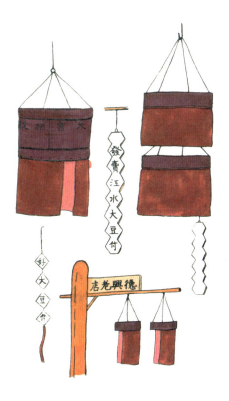

旅店兼营豆腐幌子

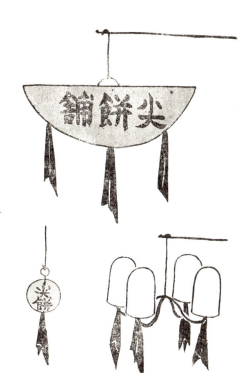

馒头铺、煎饼铺幌子

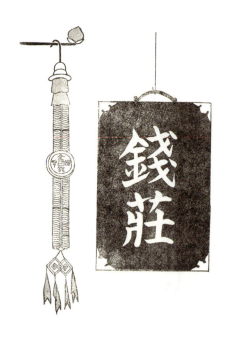

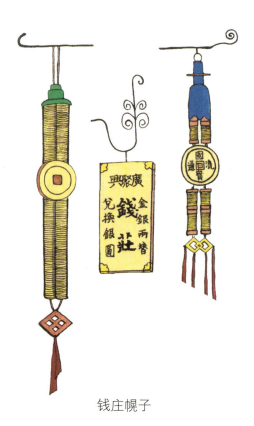

钱庄幌子

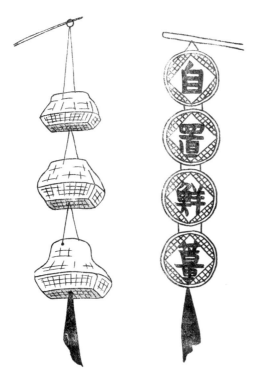

鲜姜铺、酱菜铺幌子

绣花铺、风箱幌子

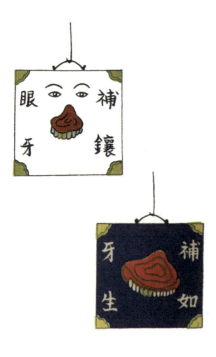

牙科眼科诊所招幌

照相馆招幌

旋木铺、毛刷
铺、绘画铺幌子

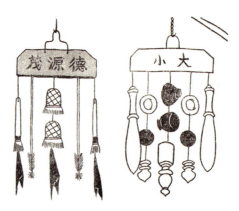

第三节
商用对联

各种商业应用联

商场战将　生计名家

维持国货　优胜商场

多钱善贾　奇货可居

利权雄大陆　商战胜全球

经商新世界　致富大中华

操奇多进步　胜战顺新机

经商师端木　营业迈陶朱

小市风云合　仙都日月开

大利权子母　奇货集梯航

交以道接以礼　近者悦远者来

五湖寄迹陶公业　四海交游晏子风

经营不让陶朱富　贸易常存管鲍风

社会欢迎新国货　市场独立太商标

利用厚生先正德　懋迁化居师昌言

三春草长如人意　万里河流似利源

百货风行财政裕　万商云集市声欢

经之营之财恒足矣　悠也久也利莫大焉

渐晋咸升临丰履泰　师乾观震谦益恒颐

皮货店应用联

多财原善贾　集腋更成裘

狐裘卅年名德相　羊革五缄大夫风

蔚豹其文炳虎其质　千狐之腋五羊之皮

山货行应用联

富擅官山开利薮　名传仙果聚财源

涧果溪毛兼收并蓄　山南岭北近悦远来

五福臨門

利達三江

和氣生財

八節安寧

進門得財

出門見喜

開市大吉

萬事亨通

福喜晏子風

益順陶朱業

咸货店应用联

一裔佳味供肴馔　四海珍奇任取求

罗列几筵香腾味厚　备陈水陆海错山珍

盐栈应用联

品重盐梅调鼎鼐　赋资军国利民生

屑玉披沙品宜登鼎　熬波煮海味合调梅

海货行应用联

肘新好入鲭厨品　珍错来随鹔首风

一裔之尝八珍之味　万商云集四海所求

米店应用联

谷乃国之宝　民以食为天

两歧歌乐岁　九穗兆丰年

但使仓箱堆白玉　自然囊箧满黄金

菽粟稻粱如水火　有无通易见权衡

鼓腹久经忘帝力　阜财早已感虞弦

斯仓斯箱五谷所聚　如墉如栉万囷皆盈

酱园应用联

瓮香浮芍药　鼎实配椒盐

莫教微生劳转乞　须知宣圣未尝离

金鼎酸咸同嗜好　玉缸滋味细研求

抱瓮而来清量白水　倾瓶以待浓泛红香

磨坊应用联

乾坤有力能旋转　牛马无知亦效灵

石齿邻邻推移旋转　金糠粒粒粉碎花销

水果行应用联

肃枣盐梅谈可佐　浮瓜沉李暑能消

绿橘红柑奇香可挹　交梨火枣仙果杂陈

糖行应用联

甘受最宜和五味　业精定可卜千金

会计有方泉刀自裕　交易而退魂梦俱甜

漆店应用联

金碧丹青资色泽　门间楹桷焕光华

藻绘成文彰施有色　金碧夺彩云霞俪光

油行应用联

功能侔膏雨　风味佐园蔬

瓮头多滑泽　暗室自分明

力能入夜三光助　功在开门七件中

打米厂应用联

千囷贮玉屑　百斛量珠尘

洁白粢盛无劳精凿　晶莹玉粒巧善簸扬

面粉厂应用联

当年歧秀曾歌梦　今日堆机似出云

堆云飞雪巧归机械　分金析玉利在簸扬

粥店应用联

饥火剪来香味好　鼻风吹去浪花生

煮出双弓不须乞米　画成几块大好尝饘

饭店应用联

一枕黄粱熟　三餐白粲香

下榻宜留哲士　授餐每款高人

胜友常临可修食谱　高朋雅会任选山珍

入座饱餐过门大嚼　有酒既旨每饭不忘

面馆应用联

银丝细借吴刀切　玉液香洗洛酒淘

绪等丝抽备鲭厨品　财期泉涌策麦邱勋

酒馆应用联

学士饮留佩　诗人愿解貂

酣歌传世上　笑语落人间

一楼风月当酣饮　万里溪山豁醉眸

美味招来云外客　清香引出洞中仙

浩歌不觉乾坤小　酣饮方知日月长

瓮畔香风眠来吏部　楼头春色醉倒神仙

玉液沽来且邀月饮　金貂换去好向花倾

市上数百家此是李翰林乐处　瓮边尺寸地可为毕吏部醉乡

茶馆应用联

花间渴想相如露　竹下闲参陆羽经

九曲夷山采雀舌　一溪活水煮龙团

烹雪应凭陶学士　辨泉好待陆仙人

陆羽谱经卢仝解渴　武夷选品顾渚分香

茶食店应用联

金酥呈滑腻　银馅杂膏腴

切来云片薄　制出月华新

青葱绿艾应时制　白练红绫自古珍

粗粆饳馄楚人所尚　醍醐酥酪穆氏之珍

糖食店应用联

往来尽是甘甜客　谈笑应无拂逆人

投分言辞甘如蜜酪　交心气味香似芝兰

烟店应用联

蕙兰通臭味　水火见功能

幽兰君子德　香草美人心

领取个中好滋味　餐将洞里古烟霞

呼吸间烟云变化　坐谈处兰蕙芬芳

酒后茶余香闻兰蕙　风清月白味辨芭菰

棉花店应用联

虚白生云　飞黄绕弦

聚来千亩雪　化作万家春

弹来白道皆成朵　衣遍苍生是此花

好向人间听轧轧　愿从世界说花花

新花雪白晴能舞　古调琴声静可弹

丝线店应用联

云霞分五色　锦绣累千纯

慈母手中辛勤织就　佳人灯畔仔细穿来

丝厂应用联

运机资手巧　转轴见心灵

水火同工小天地　经纶巧制大文章

布店应用联

冷暖随人意　缠绵动客心

功用同菽粟　寒庇见经纶

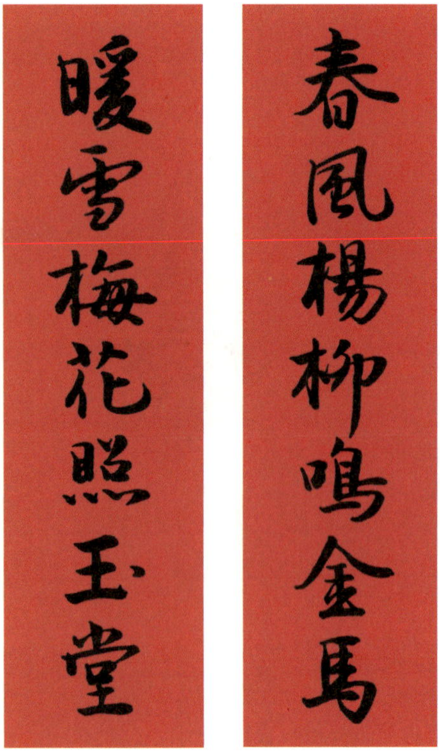

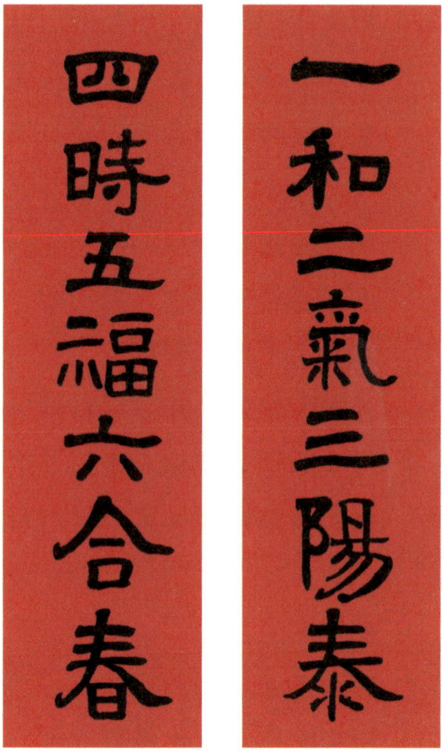

一和二氣三陽泰

四時五福六合春

春風楊柳鳴金馬

暖雪梅花照玉堂

車行千里路

人馬保平安

井泉龍王

滋潤群生

但使精粗分物理　不从冷暖作人情

但向此中工布置　须知世界有炎凉

通功易事无余布　纬地经天具大材

紫白红黄均悦目　麻棉毛葛总因时

寒往暑来功用皆备　裘轻葛细表里咸宜

君子经纶功先展布　苍生衣被喜得同袍

纱厂应用联

聚来千亩雪　纺出万机云

寒解衣芦温生挟纩　洁疑叠雪明比堆霞

织布厂应用联

经纶光亚陆　衣被福苍生

织纬组经功夫细腻　冬棉夏葛花样新奇

绸缎店应用联

七襄昭物采　五色焕文章

云织天孙锦　霓裁月姊裳

南国云丝辉黼黻　中天蜀锦焕文章

玉碗金梭经纶组织　齐纨赵縠锦绣光华

组织经纶生财有道　纷披锦绣为彰于天

袜店应用联

八辆工裁缟　千重巧制罗

洛水凌波去　云衢踏月来

洛水出时尘不染　花蹊踏处履凝香

看去浑然忘白雪　步来还得映青云

带系姬昌古贤巧制　波凌宓子仙女新妆

鞋店应用联

步月能飞岛　登云可代梯

桥边坠去留侯取　天半飞来邺令归

制就自宜君子履　听来疑是尚书声

足迹经过稳飞凫舄　脚跟立定永固鸿基

踵纳香尘登堂入室　履行花影步月凌云

帽店应用联

看书狂欲脱　得路喜频弹

岂是簪缨世胄　不过冠冕家风

孟嘉曾向风前落　郭泰还从雨里过

祀制三加重　元冠百体尊

名重进贤剪云裁月　礼尊元服滴粉镂金

顶上生涯来者须防秃鬓　人间事业问渠何必科头

估衣店应用联

自春往冬　既安且吉

衣人德自暖　披世岁无寒

贤士不嫌衣敝服　故人且喜赠绨袍

美锦争人夸巧制　成章自是合时宜

秾纤得中修短合度　美恶可择尺寸自量

成衣店应用联

金针度处工夫密　铁剪裁来体制新

舍旧谋新悉劳意匠　截长补短颇费功夫

顾绣店应用联

绣成凤采文如此　度得鸳针巧若何

月佩霓裳九天所贵　山龙藻火五色之华

伞店应用联

赖君驱雨伯　护我胜波臣

郭圃夜随剪韭客　程门时伴听经人

志在济人蚋幪广被　功推御暴晴雨皆宜

看我当头常掩盖　赖君妙手护跳珠

皮箱店应用联

为皮革之工　惟衣裳在笥

橐囊无此缄縢固　裘葛尽堪什袭藏

藤器店应用联

竹木而外有余利　崖壑之中无弃材

古涧凹中引长蔓　良工手上无弃材

木器店应用联

有材皆中选　适用乃为宜

范围尽载梓人传　物用须归大匠门

漆椅梓桐斫雕成器　床橱几凳罗列需材

竹器店应用联

虚心成大器　劲节见奇才

莫将不器论君子　能解虚心是我师

刮垢磨光成君子气　疏通致用得高人风

瓷器店应用联

货等玻璃脆　花飞瓦缶粗

七宝铸铜熏鸭绿　千金瓷翠斗鸡红

新镜美含千种色　名花色列四时春

古帝生涯远稽虞代　陶之职业上溯周官

锡箔店应用联

有钱能使鬼　无事不通神

制成尽是泉台宝　化后方称冥室资

如是用心意在敬鬼　借此祈福诚可通神

铜锡店应用联

炉火纯青工制造　囊金融处赖甄陶

金屑铜钲无非器用　唾壶粉匣总是生涯

金号应用联

品色分高下　毫厘辨重轻

多藏谁说床头尽　转运常教囊里充

丽水持来床头不尽　宝山运到囊里常盈

黄雀飞来有条如蒜　青蚨引到其源若泉

银楼应用联

时新花样　巧夺天工

佳制玉条脱　新成金步摇

宝盒丛中藏翡翠　金钗队里护鸳鸯

四时恒满金银气　一室常凝珠宝光

品物敷陈光摇银海　财源富足力振金融

制凤锓鸾心思入巧　镂金错采手段成能

茶叶店应用联

春共山中采　香宜竹里煎

竹粉含新意　松风寄逸情

瑞草抽芽分雀舌　名花采蕊结龙团

谱合蔡家六班名著　风来顾渚一室香生

古董店应用联

满室鼎彝罗秦汉　一堂图画灿烟霞

夏鼎商彝陈列满座　隋珠和璧价值连城

扇店应用联

明月堪持赠　仁风待奉扬

太傅挥时人自好　右军题后价方高

右军五字增声价　诸葛三军听指挥

明月入怀团圆可喜　仁风在握披拂无私

梳篦店应用联

钩心斗角　刮垢磨光

磨来巧匠手　助得美人妆

金栉银篦都成巧制　黄杨青竹皆是名材

香烛店应用联

一炷通诚意　双辉焕宝光

一缕通诚心字热　万枝吐彩眼光明

气吐龙涎诚通霄汉　辉腾凤篆彩彻云衢

香店应用联

一瓣氤氲炉中爇　九天馥郁云外飘

龙脑马蹄清香馥郁　麝脐鸡舌瑞气氤氲

珠宝店应用联

光华能照乘　声价重连城

昆池明月满　合浦夜光回

掌上珠应求合浦　市中品独识波斯

珠树一林皆隽品　宝山片石亦奇珍

海市珍罗鲛人贩宝　蓝田日暖龙女输珍

首饰店应用联

金柳若摇莺欲语　银花如绽蝶疑飞

宝钿鸳鸯金钗翡翠　凤环助艳鸦鬓添娇

香粉店应用联

百美图中资润色　众香国里展经纶

韩掾难偷夷光莫借　何郎慢傅荀令曾薰

钟表店应用联

可取以准　勿失其时

功迈周官挈壶氏　制逾汉室浑天仪

刻刻催人资警醒　声声劝尔惜光阴

功胜铜龙有条不紊　声担铁马无懈可攻

眼镜店应用联

胸中存灼见　眼底辨秋毫

江山澄气象　冰雪净聪明

如用之皆自明也　苟合矣不亦善乎

明亮双悬新眼目　光辉四照大乾坤

生来日月重华世　业得神仙不老方

如日月明曰托力克　得神仙术是不老方

玻璃店应用联

当窗尘不染　出匣月同明

台上冰华澈　人间月影清

岂止闺英施粉黛　还宜学士整衣冠

秋水澄清菱花七出　春山淡冶柳叶双舒

竹行应用联

淇园风雅今犹在　蒋径萧疏去复来
竹屋纸窗素多逸趣　虚心直节确是奇材

木行应用联

惟我早贮桢干品　此中大有栋梁材
松柏多材支持大厦　栋梁精选游息名山

医家应用联

杏林春意暖　橘井活人多
药圃无凡草　松窗有秘方
术著歧黄三世业　心涵胞与一家春
术体天心活人无算　功侔相业济世实多
医国医民材储药圃　寿身寿世誉满杏林

人参店应用联

价同奕世蓝田玉　功倍当年紫石英

药材店应用联

聚蓄百药　平康兆民
是乃仁术也　岂曰小补哉
艾草三年蓄　功堪百病除
春晚带云锄芍药　秋高和露采芙蓉
虽无刘阮逢仙术　只具韩康隐市心
参术功多回造花　葫芦品贵辨臣君
瓶中密贮长生药　架上长存不老丹
架上丹丸长生妙药　壶中日月不老仙龄
橘井泉香杏林春暖　芝田露润蓬岛花浓

颜料店应用联

淡妆浓抹调新色　顽绿痴红发古香

谁说生涯多粉饰　原来世界重辉煌

品绿评红用资润色　询朱绚素增益光华

洋行应用联

金穴铜山夸百万　蜃楼海市幻三千

下界琉璃上方珠玉　岛中锦绣海外云霞

洋货店应用联

西欧传技巧　东陆托生涯

致富有书新通海国　多财善贾回异波斯

海外云霞岛中锦绣　上方珠玉下界琉璃

馆报应用联

畅谈中外事　洞悉古今情

碑帖店应用联

六文开玉篆　八体曜银书

草帖新书词林欣赏　兰亭妙本学海珍藏

书局应用联

藏古今学术　聚天地精华

架藏二酉图书润　室积三都翰墨香

玉轴牙签唐李泌　琅函金笈晋张华

东壁图书府　西园翰墨林

翰墨图书皆成凤彩　往来谈笑尽是鸿儒

广搜百代遗编迹追虎观　嘉惠四方来学价重龙门

砚店应用联

贵妃曾捧过 　学士任磨穿

瓦留铜雀舌 　水湦玉蟾新

良田喜我耕无税 　美质如君磨不磷

吴郡山中名标第一 　永嘉溪里价重千金

以纯为体以静为用 　如玉之坚如砥之平

笔店应用联

囊中脱颖 　梦里生花

挥毫列锦绣 　落纸如云烟

兔毫推赵国 　麟管锡张华

五色艳争江令梦 　一枝春暖管城花

鸡距鹿毛花开五色 　鼠须麟角笔扫千军

脱颖吐花生新有艳 　乘云染翰选拔前茅

墨店应用联

乌玉藏偏好 　黄金换未当

玉露磨来浓雾起 　银笺染处淡云生

墨洒金壶青云饮采 　迎藏铁砚紫汁凝光

纸店应用联

薛家新制巧 　蔡氏旧名高

价为三都贵 　名因十样新

展开秦岭月 　题破锦江云

古纸硬黄临晋帖 　新笺匀碧录唐诗

象管愧无闲写句 　玉笺可捧笑求诗

俪翠骈红巧传十样 　硬黄匀碧贵重三都

银行应用联

改良新币制　研究古圜书

轻重权衡千金日利　中西汇兑一纸风行

钱庄应用联

生涯不在图书外　利益全凭国币中

轻重相权皆获利　方圆有制亦通神

经济流通利人利己　财源周转富国富家

子母相权千金日利　重轻为制万宝泉流

当铺应用联

得子母生财法　仿周郑交质规

岂是因财取利　无非周急为心

攘攘熙熙有无相济　生生息息尔我均安

大本所存斯有大利　裕己之外亦以裕人

汽车行应用联

飞行力足追风去　乘坐心疑逐电行

九轨可通一尘不染　四轮贴地六辔腾空

马车行应用联

春风得意马蹄疾　落日飞驰轮影圆

十里洋场蹄声得得　一鞭日影车轴辚辚

车行应用联

行地能致远　象天故制圆

执斧运斤成致远器　推轮转毂有任重材

海不揚波

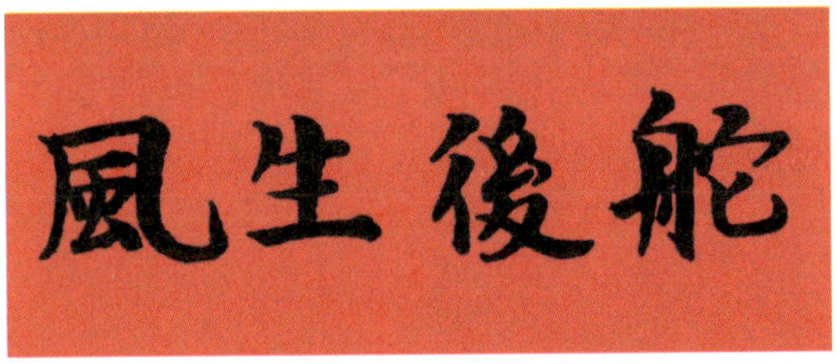

舵後生風

順風相送

寶貨上舩千倍利

貴客登舟送萬程

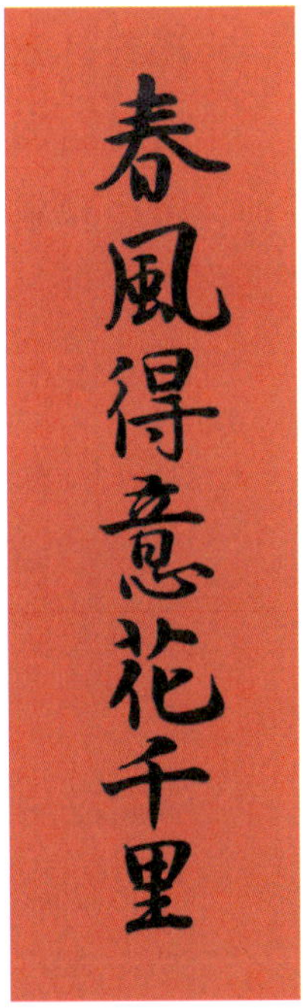

春風得意花千里

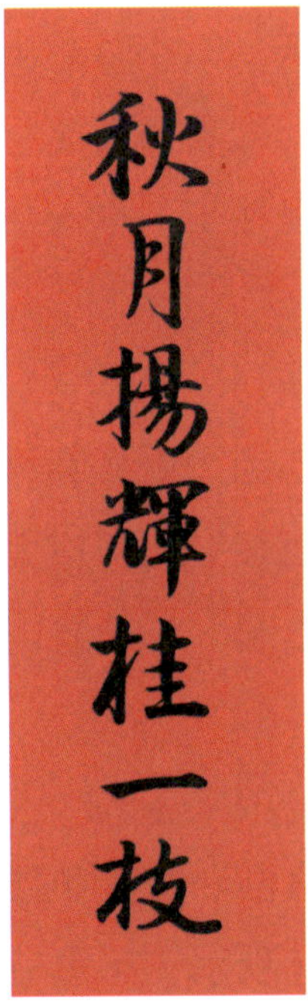

秋月揚輝桂一枝

九曲三灣隨舵轉

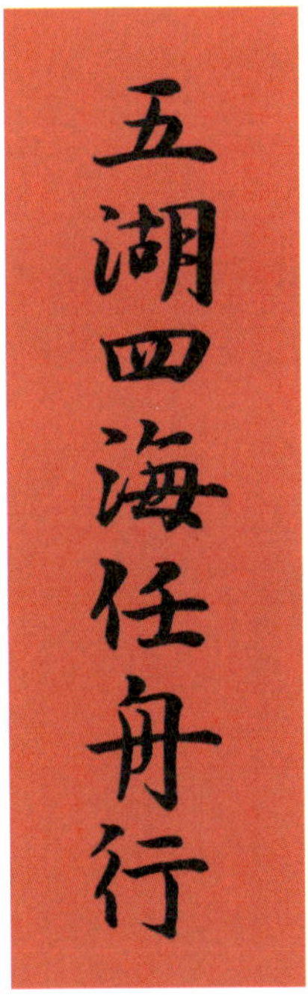

五湖四海任舟行

船行应用联

夕阳桂楫寻诗客　远水兰桡浮海人

锦缆牙樯烟波事业　兰桡桂桨湖海生涯

转运公司应用联

运输诚便利　水陆可通行

近悦远来转运百货　水程陆路惠利群商

铁路公司应用联

九夷八蛮通道后　神州赤县画疆来

开辟康庄利权千倍　交通轨辙飞砻一般

电车公司应用联

男女老稚凭上下　东西南北任往还

电掣风驰飞行利便　通都大邑衔接往还

报关行应用联

前提输国库　代表利商家

送往迎来谊申地主　报关落栈及利客商

理发店应用联

不教白发催人老　更喜春风满面生

到来尽是弹冠客　此去应无搔首人

真功夫从头上起　好消息向耳中来

浴堂应用联

石池春暖人宜浴　水阁冬温客更多

露浥蒹葭漫怀秋水　风薰豆蔻好试温泉

照相馆应用联

抬头容在镜　拍掌眼无花

摄将真面去　幻出化身来

体态须眉都活泼　心神毫发不参差

秦镜如悬机关参透　庐山在此面目留真

画外得形神惟妙惟肖　镜中留印证即色即空

世事总归空何必以空为实事　人情多是戏不妨将戏作真情

大千秋色在眉头看遍翠暖珠香重游瞻部

五万春花如梦里记得丁歌甲舞曾醉昆仑

戏馆应用联

假笑啼中真面目　新声歌里旧衣冠

此曲只应天上有　斯人莫道世间无

古往今来只如此　淡妆浓抹总相宜

非幻非真只要留心大结局　或今或古谁知着眼好排场

旅馆应用联

风尘小住计亦得　萍水相逢缘最奇

萧斋特下高人榻　大道频来长者车

角枕锦衾扫榻以待　汽车轮船折柬相迎

染坊应用联

鹅黄鸭绿鸡冠紫　鹭白鸦青鹤顶红

浅深均总如人意　浓淡皆能称客心

嫩绿娇红上林春色　浅黄淡白老圃秋容

刻字店应用联

六书传四海　一刻值千金

铁笔能操工刻鹄　金章可琢善雕虫

奏刀砉然力开金石　攻木砺乃利及枣梨

裱画店应用联

宋锦吴绫工绚饰　六书三笔善装潢
割方寸笺裁尺幅锦　黏东坡像展周防屏

自来水厂应用联

源泉混混无穷尽　流水汤汤任取携
取之不尽用之不竭　醴泉无源飞瀑无痕

煤气厂应用联

贯气居然能引火　生光原不借焚膏
汽可燃眉光休凿壁　春城不夜月府常明

火柴厂应用联

星榻月府　火树银火
发明燧氏传心法　直把碎儿应手招
光学上行根诸燧氏　民风丕变化及焠儿

发电厂应用联

光耀九天能夺月　辉腾一室胜悬珠
闪烁金光奇同天笑　玲珑玉照巧夺月辉

后 记

　　东北商业文化的萌芽和繁荣是闯关东文化带来的直接物质成果和精神成果。关内先民给东北带来先进的农业技术的同时也带来了风俗、伦理、观念和行为能力的转变。关内商人和手工业者是闯关东群体的佼佼者，他们经营的钱庄、当铺、粮栈、货栈，不仅带来诚实守信的经商理念，而且带来了招牌、匾额、幌子等商业文明的非物质文化遗产，使关东的商贸业态形成一道特殊的风景线。

　　本书挖掘了散藏在古旧书籍、档案中的招幌图谱和应用场景老照片，分门别类进行整理和加工。将集艺术性、实用性、鉴赏性于一体的各行各业的招幌汇集成册，以期这些淹没在现代商海大潮中的市井记忆得到再现和传承！书中特别将鲜见记载的"商用对联"单列一节，供大家欣赏关东商人字里行间的商业智慧和"买卖人"的人文精神！

　　本书在成书过程中得到长春历史学者赵洪、房友良、赵欣先生的大力支持，在此对他们的鼎力相助表达真诚的谢意！

　　我们是第一次涉足传统商业领域的文化研究，在深度和广度上一定会存在不尽如人意之处，在此诚恳欢迎方家指正。

作者

2024 年 10 月